W0282307

LA GRAN COCINA
Paso a paso

LA GRAN COCINA
Paso a paso

Cordero/Carnero

Buey/Vaca

Ternera

EDICIONES RUEDA

Realización editorial
Thema Equipo editorial, S.A.
C/ Córcega, 91-93
08029 Barcelona
Impresión y Encuadernación: Mateu Cromo, S. A.

© 2000 EDICIONES RUEDA J. M., S.A.
ISBN de la colección «La Gran Cocina Paso a Paso»: 84-95060-00-0
ISBN del Volumen III: 84-95060-03-5
Depósito legal: M-2.983-2004
Impreso en España / Printed in Spain

SUMARIO

TERNERA

Introducción

Recetas

CORDERO/CARNERO

La pascua de los sentidos

El cordero es el hijo del carnero y de la oveja, pero se denomina cordero al carnero que todavía no ha cumplido un año de edad.
La carne de cordero ha sido consumida desde la más remota antigüedad y aún hoy día es muy apreciada por sus variadas posibilidades culinarias. El origen de su consumo habitual coincide con el origen de la ganadería en la época prehistórica.
A principios del Neolítico, cuando finalizó la Era Glacial, los hielos se desplazaron hacia el norte y con ellos marcharon los animales que servían de sustento a los cazadores. Estos hombres pescadores y monteros se vieron obligados a cambiar su forma de vida y costumbres adaptando, de este modo, la vida salvaje de los animales a sus propias necesidades. Las familias, al estabilizarse y llevar una vida sedentaria, dieron lugar a la ganadería. El hombre comenzó a cuidar los animales que capturaba vivos, y con ellos formaba rebaños y pastoreaba. De este modo, la oveja fue adquiriendo una gran importancia en la cabaña del Neolítico.
La carne de cordero también formaba parte de la alimentación de los griegos, quienes la tenían en muy alta estima y la vendían a precios muy elevados, por lo que era inaccesible para las clases humildes y sólo la consumían los poderosos. Para los judíos, sin embargo, esa carne tiene un simbolismo religioso y, desde los tiempos bíblicos, sacrifican el cordero para celebrar la liberación de la esclavitud egipcia. Esta tradición ha pasado a la cultura culinaria cristiana, que ha hecho del cordero pascual uno de sus platos festivos más celebrados.

Diferentes tipos

Existen diferentes tipos de cordero, según sea su alimentación y edad. Así, se distinguen el que ha sido alimentado de la leche de su madre y el que ha sido engordado en la marisma, éste más sabroso, llamado cordero «pre-salé». Si bien el cordero tiene una carne muy tierna y sabrosa, el lechal, cordero de pocas semanas que todavía no ha sido destetado, es mucho más apreciado por su carne suave y delicada, aun cuando el sabor es algo insípido.
Cuando el animal ha pastado, recibe el nombre de recental y se caracteriza por la sutileza y los ligeros aromas de los pastos que ha ingerido. Es el caso del cordero que hemos denominado «pre-salé».
La carne de esta especie se clasifica dentro de las denominadas blancas. El aspecto que presenta es de un tono rosado y su grasa es precisamente blanca, siendo la carne de lechal la que tiene el color rosado más pálido.
El peso total de un ovino que se considera cordero es de unos 30 kg, y el del lechal oscila entre 8-10 kg.
Por su parte, la carne del cordero lechal o recental se caracteriza por su aspecto sonrosado y por una fina rama de grasa de color ligeramente amarillento. El carnero de más edad tiene una carne algo más rojiza, cubierta por una rama de grasa blanca. En el primer caso las raciones por persona se calculan a razón de 250 g, y en el segundo, a 200 g.

Partes y cortes culinarios

Las partes más valoradas del animal son las piernas y la silla, que comprende los dos lomos, así como los dos filetes. El pecho, el pescuezo y la espaldilla son consideradas carnes de segunda. Y en tercer lugar están los despojos. Del cordero, se preparan principalmente la espalda, las piernas y las costillas.

La pierna es la pata trasera, que también se denomina gigote o jigote; cuando va unida por la silla, recibe el nombre de barón. La pierna constituye la mejor parte del cordero; para que resulte buena tiene que ser corta y gruesa y con preferencia cubierta por una gruesa capa de grasa. La mejor manera de cocinarla es asada. Al comprarla, se recomienda pedir en la carnicería que le hagan unos cortes, en los que se incluye el hueso. La carne resulta más sabrosa si se asa entera, pero representa un problema a la hora de servir el plato a la mesa. También se puede comprar deshuesada y troceada para guisos, calderetas y menestras.
La espalda o espaldilla es la pata delantera; esta parte es menos carnosa que la posterior y su precio resulta más bajo. Es muy buena para asar en el horno. Deshuesada, se sirve asada y rellena. También sirve para ragús y calderetas.
Las chuletas de espalda se sacan del lomo y se pueden cocinar a la plancha, o si se elige la pieza entera, resulta ideal para guisarla o hacerla en el horno.
Las chuletas de lomo o palo, de riñonada y de aguja, adecuadas para asar o hacerlas a la plancha, quedan muy sabrosas a la parrilla. Cuando las chuletas están sin separar entre sí, forman un trozo que se llama carré y que se utiliza para presentaciones más elegantes o simplemente para asar al horno.
Las costillas, que están situadas en la parte inferior del lomo, en el extremo de las chuletas, se venden troceadas y son adecuadas para guisar una vez cortadas en trozos pequeños.
El cuello se utiliza para guisar con patatas o arroz. Tiene mucho hueso, pero resulta muy sabroso.

Elección, consumo y conservación

A la hora de comprar carne de cordero, hay que tener presente su color; así, debe presentar una tonalidad rosada y la grasa ha de ser firme y abundante. La carne oscura y la grasa amarilla indican que el animal es viejo, y si aquélla aparece quebradiza es señal de que ha estado demasiado tiempo en el congelador. El olor tiene que ser fresco y resultar agradable.
El cordero tiene mala conservación, por lo que es preferible comprar la carne y consumirla casi enseguida. Si el animal ha sido sacrificado recientemente, tiene los ojos brillantes y salientes,

y el riñón envuelto en grasa, por lo que conviene tener presentes estas características a la hora de adquirir el producto.

La grasa del cordero se solidifica a los 40 °C y adquiere entonces un sabor a sebo. Por esto los platos de cordero deben servirse lo más calientes posible, y las salsas y los caldos deben desgrasarse antes de ligarlos.

La carne se puede conservar varios días en el frigorífico, manteniéndola en un plato, cubierta con un plástico de cocina agujereado para que la carne respire. Si no se tiene frigorífico, puede mantenerse en perfectas condiciones cubierta con aceite. Este aceite se puede emplear después para otros usos.

En la actualidad puede comprarse la carne fresca y congelarla para su posterior consumición. Para congelar la carne de cordero es necesario, primero, eliminar la grasa superflua y, luego, empaquetarla en porciones individuales e introducirlas en el congelador bien cerradas, una vez extraído el aire.

La descongelación se lleva a cabo en la parte menos fría del frigorífico. Las piezas pequeñas se descongelan en unas horas, pero las grandes pueden tardar más de 24 horas.

Valor nutritivo

Los especialistas en nutrición recomiendan la consumición de carne para planificar una dieta equilibrada, debido a su importante aportación de proteínas de alto valor biológico, además de hierro, calcio y vitaminas del grupo B.

Los animales se sacrifican jóvenes, por lo que es muy rica en ácido ribonucleico y recomendable como reconstituyente. El cordero aporta entre un 16 y un 18 % de proteínas, del 17 al 33 % de grasas, según la parte del animal de que se trate, y proporciona entre 225 y 357 kcal por cada 100 g, ya se trate de chuletas, pierna o paletilla, o bien cuello o papada, que son las partes más grasas.

El cordero sigue siendo considerado carne de primera, por lo que su consumo va en aumento día a día. Pero, no hay que olvidar elegir, dentro de lo posible, productos de calidad, que procedan de animales sanos y bien criados.

Salteado de añojo con almendras

Ingredientes para 4 personas:

❖ 1/2 kg de filetes de añojo ❖ 1 diente de ajo ❖ 1 cebolla ❖ 1 pimiento verde ❖ 50 g de almendras ❖ una pizca de jengibre ❖ 1 cucharada de maicena ❖ 1 copita de jerez ❖ 1 cucharada de salsa de soja ❖ 1 dl de caldo de carne ❖ aceite de oliva ❖ sal ❖ pimienta negra molida

Preparación

1. Cortar los filetes en tiras. En una sartén con aceite freír la carne, durante 2 minutos, hasta que esté bien dorada por todos los lados. Retirarla de la sartén y reservarla al calor.

2. Calentar más aceite en la sartén y freír la cebolla y el ajo, previamente picados, las almendras y el pimiento verde cortado en tiras. Dejar sofreír durante 4 minutos, hasta que las almendras estén ligeramente tostadas. Retirar la sartén del fuego y añadir el jengibre.

3. Mezclar la maicena con el caldo, el jerez y la salsa de soja. Agregarlo a la sartén y mezclar todo bien. Volver a colocar la sartén al fuego y dejar cocer 1 minuto. Salpimentar al gusto y añadirle la carne que habíamos reservado.

4. Mezclar todos los ingredientes, pero sin dejar que hierva, y servir inmediatamente.

Costillas de cordero con mostaza y miel

Ingredientes para 4 personas:

❖ 1/2 kg de costillas de cordero ❖ caldo de carne ❖ mostaza en polvo ❖ miel ❖ harina ❖ aceite de oliva ❖ semillas de anís ❖ sal

Preparación

1. En media taza de caldo, disolver dos cucharadas de miel, un poco de mostaza en polvo y media cucharada de harina.

2. Batir bien con un tenedor hasta conseguir un compuesto homogéneo.

3. Dorar las costillas en una sartén con aceite, retirarlas, sazonarlas y reservarlas al calor. En la misma sartén poner la salsa y dejar que espese.

4. Por último, para terminar esta preparación, añadir de nuevo las costillas a la sartén y cocinar 3 minutos más. Servir las costillas cubriéndolas con la salsa a la que se añadirá un puñado de semillas de anís. Se puede acompañar adornado con tomatitos franceses y unos granos de maíz.

Menestra de cordero

Ingredientes para 4 personas:

❖ *1 1/2 kg de cordero* ❖ *1 cebolla* ❖ *1 zanahoria* ❖ *1 pimiento choricero*
❖ *1 1/2 l de caldo de carne* ❖ *1 hoja de laurel* ❖ *1 berenjena* ❖ *1 calabacín* ❖ *2 alcachofas*
❖ *100 g de guisantes* ❖ *16 patatas pequeñas peladas* ❖ *4 espárragos* ❖ *5 huevos*
❖ *250 g de harina* ❖ *perejil* ❖ *aceite* ❖ *sal* ❖ *azúcar* ❖ *pimienta*

Preparación

1. Cortar el cordero en trozos grandes, salpimentar y freír enharinado, en una sartén con abundante aceite; dejar dorar.

2. En una cazuela de barro con un poco del mismo aceite empleado para freír el cordero, freír la cebolla y la zanahoria cortadas pequeñas; picar el perejil; añadir el pimiento choricero sin pepitas y en trozos y el perejil; mojar con el caldo de carne y dejar hervir lentamente durante unos 20 minutos.

3. Mientras, pelar la berenjena y cortar en rodajas; salar, lavar y enharinar; pasar por huevo batido y freír.

4. Reservar.

5. Cortar el calabacín en rodajas, salar, pasar por harina y huevo batido, freír.

6. Reservar.

7. Sacar las hojas duras de las alcachofas, cortar en cuartos, salar, pasar por harina y huevo batido, freír.

8. Reservar.

9. Hervir un huevo en abundante agua y sal, dejar cocer unos 12 minutos.

10. Refrescar y pelar.

11. Reservar.

12. Hervir los guisantes en agua, sal y 1 cucharadita de azúcar.

13. Cuando estén tiernos, colar y reservar.

14. Cuando hayan pasado 20 minutos de hervir el caldo con los demás ingredientes, pasarlo todo por el colador chino y, si es necesario, rectificar de sal y pimienta.

15. Volver a poner esta salsa en la cazuela y añadir los trozos de cordero frito, llevarlo todo a ebullición y dejar cocer alrededor de unos 15 minutos; añadir las patatas peladas, dejar cocer lentamente.

16. Cuando esté todo tierno, adornar con las verduras reservadas: los espárragos, la berenjena, alcachofas, calabacín, guisantes y huevo duro cortado en rodajas, de manera que quede todo muy vistoso.

17. Servir en la misma cazuela.

Dolmas

Ingredientes para 4 personas:

❖ 300 g de carne de cordero picada ❖ 40 hojas de parra o de repollo ❖ 100 g de repollo ❖ 1 cebolla grande ❖ 1 dl de aceite de oliva ❖ caldo de carne ❖ sal ❖ unos granos de cilantro ❖ una cucharadita de menta picada ❖ pimienta negra molida ❖ zumo de limón

Preparación

1. Poner al fuego una cacerola con agua y sal. Cuando el agua comience a hervir, añadir un poco de zumo de limón y las hojas de parra o repollo, previamente lavadas en agua fría. Dejar hervir 3 minutos y escurrir bien, procurando que queden lo más secas posibles.

2. En otra cacerola con un poco de aceite sofreír la cebolla finamente picada y el arroz crudo lavado. Cuando el sofrito comience a adquirir color, añadir caldo suficiente para cubrir el arroz, dejando cocer a fuego lento, removiendo de vez en cuando.

3. Cuando el arroz esté blando, dejar enfriar y escurrir bien, mezclándolo entonces con la carne de cordero picada, la menta, sal y pimienta.

4. Extender las hojas de parra o repollo y poner en el centro de cada una de ellas una cucharada de relleno. Doblarlas haciendo paquetitos y atarlas con un bramante fino, sin apretarlas demasiado.

5. A continuación habría que colocar estos paquetitos en una cacerola por capas, sin amontonarlas, añadiendo un poco de aceite, zumo de limón, dos vasos de caldo y los granitos de cilantro.

6. Dejar cocer a fuego moderado durante 35 minutos, vigilando que las dolmas no se deshagan y que no falte líquido en la cacerola.

6. Por último, y para acabar con la preparación de este plato, colocarlas en una fuente rociándolas con un poco de zumo de limón y servir calientes.

Pierna de cordero asada

Ingredientes para 4 personas:

❖ 1 pierna de cordero ❖ ajos ❖ perejil ❖ 1 vaso de vino blanco ❖ 250 g de patatas francesas ❖ 6 ajetes ❖ 100 g de zanahorias francesas ❖ 100 g de judías redondas ❖ 1 manojo de berros ❖ sal ❖ pimienta

Preparación

1. Lavar la pierna de cordero y secarla bien. Untarla con 2 dientes de ajo y salpimentarla. Colocarla en una fuente para horno y dejarla asar durante 1 1/2 horas.

2. Darle la vuelta cada 10 minutos y regarla con un poco de agua. Media hora antes de terminar la cocción rociarla con el vino blanco.

3. Lavar y picar el perejil y los ajos. Mezclarlos y untar con ello la pierna de cordero. Dejarla en el horno 10 minutos más.

4. Freír las patatas francesas, cocer las zanahorias y las judías verdes y rehogarlas con un poco de mantequilla.

5. Colocar la pierna en una fuente de servir rodeada de las patatas, las zanahorias, los ajetes, los berros y las judías verdes.

6. Servir inmediatamente.

Costillas de cordero con judías verdes y zanahorias

Ingredientes para 4 personas:

❖ 12 costillas de cordero ❖ 500 g de judías verdes extrafinas ❖ 500 g de zanahorias tiernas ❖ 50 g de mantequilla fresca maître d'hotel (mantequilla fresca y perejil picado) ❖ sal ❖ pimienta

Preparación

1. Para empezar con la preparación de este plato habría que pelar las zanahorias y cortar las puntas de las judías. Lavarlo todo bien.

2. Mezclar la mantequilla con el perejil picado, trabajándolo con un tenedor.

3. Cocer al vapor las judías verdes durante 10 minutos y las zanahorias durante 15 minutos. Reservar.

4. Colocar las costillas sobre el grill del horno, salpimentar y dejar cocer de 3 a 4 minutos por cada lado.

5. Servir las costillas en una fuente, rodeadas de verduras y untadas con la mantequilla.

Cordero en salsa española

Ingredientes para 4 personas:

❖ 400 g de carne de cordero asado ❖ patatas francesas ❖ manteca de cerdo ❖ harina ❖ 1 cebolla ❖ 2 zanahorias ❖ perejil ❖ sal ❖ pimienta

Preparación

1. Poner una cazuela al fuego con la manteca de cerdo. Cuando se derrita añadir la cebolla, cortada fina, y los trozos de carne.

2. Agregar agua y dejar cocer hasta que se haya consumido el caldo. Bajar el fuego y dejar cocer para que la carne tome color, moviendo de vez en cuando para que no que agarre a la cazuela.

3. Agregar 2 vasos grandes de agua, las zanahorias, cortadas en trozos, el perejil picado, la pimienta y la sal. Cocer a fuego vivo durante 5 minutos más.

4. Sacar la carne y pasar la salsa por el chino. En una sartén tostar la harina, añadir la salsa y hervir unos minutos para que ligue.

5. Seguidamente colocar la carne en un plato de servir, verter la salsa por encima y acompañar con las patatitas francesas.

6. Servir muy caliente.

Espalda de cordero al roquefort

Ingredientes para 4 personas:

❖ 1 espalda de cordero grande ❖ 100 g de queso roquefort ❖ 1 copa de brandy ❖ 50 g de mantequilla ❖ 100 g de crema de leche ❖ 2 dientes de ajo ❖ sal ❖ pimienta

Preparación

1. Para empezar con esta preparación habría que hacer cuatro cortes a la espalda, pero sin acabar de abrirla (puede pedirse en la carnicería que lo hagan) e introducir en los mismos laminillas de ajo.

2. Salpimentar y rociar con un poco de aceite.

3. Colocar en una bandeja refractaria e introducir en el horno, a temperatura media, durante 1 hora.

4. Hacer una salsa con el roquefort, el brandy, la mantequilla y la crema de leche, mezclándolo todo muy bien.

5. Cuando la carne esté cocida, verter sobre ella la salsa y servir.

Pastel de patatas con cordero

Ingredientes para 4 personas:

❖ 200 g de carne de cordero asado ❖ 1/2 kg de patatas ❖ 1 vaso de leche ❖ 50 g de mantequilla ❖ escarola morada ❖ sal ❖ pimienta negra

Preparación

1. Cocer las patatas peladas y enteras en agua y sal. Escurrirlas y pasarlas por el pasapurés. Agregar la leche y la mantequilla y dejar que dé un hervor.

2. Cortar el cordero en trocitos y reservarlo.

3. En un molde alargado y engrasado poner una capa de puré y después unos trozos de carne. Repetir la operación terminando con una capa de puré. Hornear durante 10 minutos.

4. Sacar el pastel del horno y dejar enfriar unos instantes antes de desmoldarlo.

5. Servir en una bandeja sobre un lecho de escarola morada.

Cordero con salsa de limón, aceitunas y pimentón

Ingredientes para 4 personas:

❖ *600 g de carne de cordero (pueden ser las partes más económicas: la falda o el cuello)* ❖ *aceitunas verdes* ❖ *aceitunas negras* ❖ *2 limones* ❖ *2 cebollas* ❖ *canela en polvo* ❖ *comino* ❖ *pimentón* ❖ *aceite de oliva* ❖ *1 vaso de vino blanco* ❖ *sal*

Preparación

1. Cortar la carne en trozos, añadir las especias y dejar macerar durante 1 hora.
2. Picar la cebolla y dorarla en una cazuela de barro con un poco de aceite. Cuando esté dorada, agregar la carne y dejar que tome color. Añadir los limones troceados, las aceitunas, el vaso de vino blanco y sazonar.
3. Dejar cocer durante 30 minutos con la cazuela tapada.
4. Servir en la misma cazuela de barro, espolvoreado con un poco de pimentón.

Cordero con tomate

Ingredientes para 4 personas:

❖ *400 g de carne de cordero asado* ❖ *4 tomates maduros* ❖ *aceite* ❖ *1 cebolla* ❖ *1 diente de ajo* ❖ *perejil* ❖ *1 cucharada de azúcar* ❖ *pimienta negra recién molida* ❖ *sal*

Preparación

1. Primeramente habría que rehogar en una sartén con aceite la cebolla, el ajo y el perejil, todo picadito. Dorar un poco y añadir los tomates, pelados y partidos en trozos. Agregar una cucharada de azúcar y dejar cocer hasta que espese. Pasarlo por el chino y volver a ponerlo al fuego.
2. Sazonar con sal y dejar cocer hasta que espese de nuevo.
3. Poner los trozos de cordero en la salsa de tomate, espolvorear con pimienta negra recién molida y rectificar de sal. Llevarlo al fuego y dejar cocer hasta que tenga la densidad deseada.
4. Servir caliente.

Espaldilla de cordero con ciruelas

Ingredientes para 4 personas:

❖ *un trozo de espalda de cordero de 1 kg* ❖ *400 g de ciruelas* ❖ *1 1/2 dl de vino blanco* ❖ *1 kg de guisantes tiernos* ❖ *1 lata de zanahorias* ❖ *1 lata de cebollitas blancas* ❖ *sal* ❖ *pimienta* ❖ *tomillo* ❖ *laurel* ❖ *mantequilla*

Preparación

1. Poner a macerar las ciruelas en vino blanco durante 1 hora.

2. Dorar la carne con una mezcla de aceite y mantequilla. Cuando esté bien dorada, ponerle sal, pimienta, tomillo y laurel y regarla con el vino en el que se han macerado las ciruelas. Añadir las zanahorias a trozos y la mitad de las cebollas. Tapar la cazuela y dejarlo cocer a fuego muy lento durante una hora y media.

3. Al cabo de este tiempo añadir las ciruelas, el resto de las cebollas y los guisantes, ya medio cocidos en agua salada.

4. Servir cuando las verduras estén bien cocidas.

Chuletillas de cordero con champiñones

Ingredientes para 4 personas:

❖ 1 kg de chuletas de cordero ❖ 3/4 de kg de champiñones ❖ 4 dientes de ajo ❖ perejil ❖ aceite ❖ sal

Preparación

1. Lavar y secar los champiñones y cortarles el tallo. Picar muy finamente los ajos y el perejil.

2. Poner sobre una parrilla los champiñones y las chuletas y salarlos al gusto. Rociarlos con un chorrito de aceite, espolvorear por encima de los champiñones el ajo y el perejil y dejar que se ase todo durante 5 minutos por cada lado.

3. Servir recién hecho.

Cordero con salsa blanca

Ingredientes para 4 personas:

❖ 1 kg de chuletas de pierna de cordero ❖ 1 cebolla ❖ 1 zanahoria ❖ 1 ramillete de hierbas ❖ 50 g de mantequilla ❖ 4 cucharadas de harina ❖ 2 cucharadas de nata líquida ❖ 1 cucharada de alcaparras ❖ sal ❖ pimienta

Preparación

1. Colocar las chuletas de cordero en una cazuela grande, cubrir con agua y poner al fuego hasta que empiece a hervir.

2. Añadir entonces la cebolla, partida en cuartos, la zanahoria entera y el ramillete de hierbas. Tapar y dejar cocer despacio, hasta que la carne esté tierna.

3. Sacar la carne de la cazuela y dejar enfriar. Colar el caldo de la cocción y reservar.

4. Fundir la mantequilla en un cazo y añadir la harina, removiéndola sin cesar durante unos minutos y sin dejar que se dore.

5. Añadir despacio medio litro de caldo de cocción, sin dejar de remover, para que no se formen grumos, y cuando la salsa se haya espesado, apartarla del fuego y agregar la nata y salpimentar al gusto. Por último, incorporar las alcaparras.

6. Colocar la carne en una fuente, verter la salsa por encima y servir caliente.

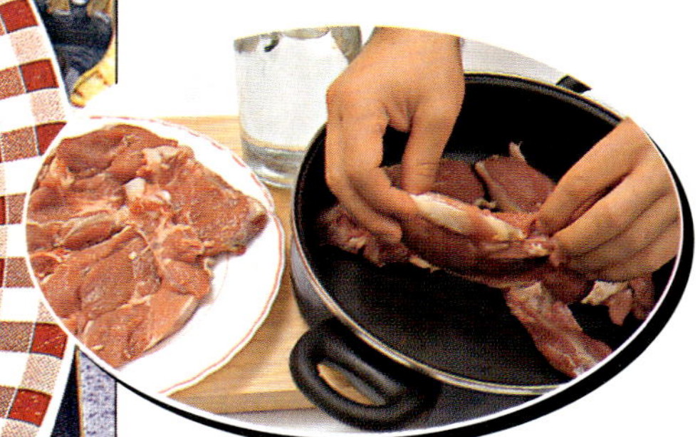

Asado a la menta

Ingredientes para 4 personas:

❖ 1 pierna de cordero ❖ 6 dientes de ajo ❖ 1 manojo de menta ❖ vinagre ❖ pan rallado ❖ manteca de cerdo ❖ sal ❖ pimienta ❖ aceite ❖ patatitas francesas

Preparación

1. Untar la pierna de cordero con ajo y con manteca de cerdo. Colocarla en una fuente para horno y espolvorearla con sal y pimienta negra.

2. Asar la carne en el horno durante 1 1/2 horas, dándole la vuelta cada 10 minutos y regándola con un poco de agua para que no se seque. Cuando quede media hora para terminar su cocción, rociar con un poco de vinagre.

3. Espolvorear la carne con un poco de pan rallado. Picar el manojo de menta y unos ajos y agregarlos también a la carne, por los dos lados. Dejar en el horno 5 minutos más.

4. Freír las patatitas en una sartén con abundante aceite y escurrirlas con papel absorbente de cocina.

5. Poner la pierna de cordero en una fuente de servir junto con las patatas. Servir caliente.

Estofado oriental

Ingredientes para 4 personas:

❖ 1/2 kg de carne de cordero troceada ❖ 1/4 de kg de arroz blanco ❖ 3 berenjenas ❖ 4 tomates pequeños ❖ 1 cebolla ❖ sal ❖ pimienta ❖ cúrcuma ❖ canela

Preparación

1. Cocer la carne con poca agua, sal y pimienta, durante 45 minutos.

2. Pelar las berenjenas, cortarlas en dos y freírlas.

3. Pelar y picar la cebolla y freírla también. Escurrirla y añadir la cúrcuma y la canela.

4. Lavar los tomates y freírlos enteros con la piel.

5. Poner encima de la carne las berenjenas, los tomates y la cebolla.

6. Dejar cocer durante unos 5 o 10 minutos más, a fuego muy lento.

7. Servir acompañado de arroz blanco.

Este plato es de procedencia iraní. Allí es habitual que los invitados se perfumen las manos al término de la comida con agua de rosas ofrecida por el anfitrión.

Menestra de cordero

Ingredientes para 4 personas:

❖ 250 g de cordero asado ❖ 2 zanahorias ❖ 3 alcachofas ❖ 100 g de judías verdes ❖ 5 espárragos ❖ 100 g de champiñones ❖ 1 vaso de vino blanco ❖ aceite ❖ harina ❖ laurel ❖ sal ❖ pimienta negra

Preparación

1. En una olla con agua y sal poner a cocer las verduras, previamente lavadas y picadas. Escurrirlas y reservarlas.
2. Calentar un chorro de aceite en una cazuela, enharinar los trozos de cordero y rehogarlos. Añadir el vino blanco, un vaso de agua, unos granos de pimienta, el laurel y las verduras.
3. Dejar cocer durante 30 minutos. Comprobar el punto de sazón y rectificar si es preciso.
4. Servir muy caliente.

Cordero a la turca con arroz pilaf

Ingredientes para 4 personas:

❖ 1/2 kg de pierna de cordero ❖ 1/2 kg de arroz ❖ 6 tomates ❖ 1 cebolla picada ❖ 1 l de caldo de cubito hirviendo ❖ 180 g de pasas de corinto ❖ 30 g de piñones ❖ perejil picado ❖ un pellizco de canela ❖ azúcar ❖ sal ❖ pimienta

Preparación

1. Cortar en trozos la pierna de cordero.

2. Lavar el arroz y sumergirlo en un baño de agua caliente durante 2 horas y media.

3. En una cazuela dorar en mantequilla el cordero troceado durante 15 minutos y salpimentarlo.

4. Pasar la cazuela al horno precalentado. Cocer la carne durante 1 hora y media añadiendo, poco a poco, cucharadas de caldo caliente.

5. Poner una cazuela al fuego con 60 g de mantequilla y añadir la cebolla picada, las pasas (previamente remojadas), los piñones, y dejar tostar durante algunos minutos.

6. Agregar los tomates, previamente pelados y chafados con un tenedor, el caldo (apartando un poco) y condimentar con el azúcar, la canela, sal y pimienta.

7. Pasados unos minutos de cocción, añadir el arroz, previamente escurrido. Tapar la cazuela y meterla al horno caliente hasta que el arroz termine de cocerse.

8. Disponer el arroz pilaf en el centro de una fuente precalentada, rodearlo con los trozos de pierna de cordero y servir enseguida.

Silla de cordero con patatas y zanahorias

Ingredientes para 4 personas:

❖ 1 silla de cordero ❖ 1 dl de aceite de oliva ❖ 1 copa de jerez ❖ 2 dientes de ajo ❖ 1 kg de patatas pequeñas ❖ 1/2 kg de zanahorias pequeñas ❖ sal ❖ pimienta

Preparación

1. Atar la silla de cordero con cordel de cocina, para darle buena forma.

2. Hacer una mezcla con el aceite, los ajos y el perejil, previamente picados. Untar con ella la silla de cordero y colocarla en una bandeja para horno. Asarla durante 1 hora. A media cocción bañar la carne con la copa de jerez, y de vez en cuando con la grasa que suelta, para que no se seque.

3. Pelar las patatas y las zanahorias y cocerlas en agua y sal.

4. Poner la silla de cordero en una fuente de servir junto con las patatas y las zanahorias, todo regado con la salsa del asado.

Pecho de cordero a la tártara

Ingredientes para 6 personas:

❖ 2 kg de pecho de cordero ❖ 1 1/2 l de caldo ❖ mostaza inglesa ❖ pan rallado ❖ manteca de cerdo ❖ 1/2 l de salsa tártara

Preparación

1. Limpiar la carne y cocerla en el caldo durante 1 hora.

2. Deshuesar la carne y dejarla enfriar.

3. Poner la carne en una fuente refractaria, cubrirla con mostaza, espolvorearla con pan rallado y rociar con manteca de cerdo caliente.

4. Meterla en el horno durante 20 minutos.

5. Cortar la carne en trozos y servirla, muy caliente, acompañada de la salsa tártara.

Chuletas de cordero al ajo cabañil

Ingredientes para 4 personas:

❖ 1 kg de chuletas de cordero ❖ 1 kg de patatas ❖ 10 dientes de ajo ❖ 2 dl de aceite de oliva ❖ 2 cucharadas de vinagre de vino blanco ❖ pimienta negra ❖ sal

Preparación

1. Salpimentar las chuletas; pelar y cortar las patatas en trozos medianos (pueden quedar enteras si son pequeñas).

2. Pelar los ajos.

3. Calentar la mitad del aceite en una sartén y dorar a fuego vivo las chuletas.

4. Calentar el resto del aceite en otra sartén y freír las patatas salpimentadas.

5. Majar los ajos en un mortero, añadiéndoles el vinagre y un chorrito de agua hasta tener una pasta uniforme; repartirla en las dos sartenes y continuar la cocción en ambas durante 15 minutos, moviéndolas de tanto en tanto.

6. Se sirven las chuletas y las patatas en la misma fuente.

Blanqueta de cordero

Ingredientes para 4 personas:

❖ 3/4 de kg de carne de cordero (pierna o espalda)
❖ 200 g de champiñones ❖ 50 g de mantequilla
❖ 1/2 vaso de leche en polvo ❖ 2 zanahorias
❖ 2 yemas de huevo ❖ 1 cebolla
❖ 1 cucharada de harina ❖ tomillo
❖ laurel ❖ 2 clavos ❖ el zumo de 1 limón
❖ sal ❖ pimienta

Preparación

1. Cortar la carne en trozos regulares y ponerlos en una cazuela. Cubrirlos con agua fría y añadir los clavos, previamente picados, las zanahorias cortadas en rodajas, el tomillo y el laurel. Salpimentar.

2. Ponerlo al fuego y, cuando empiece a hervir, tapar la cazuela y dejarlo cocer a fuego suave durante 35 minutos.

3. Pasado este tiempo, colar el caldo de cocer la carne y reservarlo.

4. Rehogar los champiñones en la mantequilla, rociarlos con unas gotas del zumo del limón y, cuando empiecen a dorarse, añadir la harina. Antes de que tome color incorporar el caldo de cocer la carne.

5. Dejar cocer durante unos minutos, sin dejar de remover, e incorporar el resto del zumo del limón. Una vez fuera del fuego, añadir la leche mezclada con las yemas.

6. Poner la carne en una fuente, cubrir con la salsa muy caliente y servir enseguida.

Hígado de cordero frito al ajo cabañil

Ingredientes para 4 personas:

❖ 800 g de hígado de cordero ❖ 6 dientes de ajo ❖ 1 dl de aceite de oliva ❖ 3 cucharadas de vinagre ❖ 2 cucharadas de pimentón dulce ❖ 1 ramita de perejil ❖ sal

Preparación

1. Primeramente cortar el hígado en trozos medianos; salpimentarlos.

2. Calentar el aceite en una cazuela; freír el hígado hasta que esté dorado y retirarlo; quitar un poco de aceite y volverlo a la cazuela.

3. Majar los ajos en un mortero junto con el perejil y el pimentón; añadir el vinagre y trabajar hasta conseguir una mezcla fina.

4. Depositar el majado sobre el hígado y poner nuevamente al fuego hasta que suelte el hervor.

5. Servir caliente.

Sesos rebozados

Ingredientes para 4 personas:

❖ 3 sesos de cordero ❖ 2 dientes de ajo ❖ 3 huevos ❖ 150 g de pan rallado ❖ 1 limón ❖ aceite ❖ sal

Preparación

1. Lavar los sesos y cocerlos en agua hirviendo con un poco de sal y los ajos.

2. Enseguida habría que escurrirlos cuidadosamente y dejar enfriar.

3. Cortarlos en rodajas de igual tamaño.

4. Batir los tres huevos, pasar los trozos de seso por el pan rallado y, a continuación, por los huevos.

5. En una sartén al fuego con abundante aceite, freír los sesos ya rebozados.

6. Es conveniente servir caliente este plato.

7. Acompañarlo de rodajas de limón cortadas finamente.

Pierna de cordero a la árabe

Ingredientes para 4 personas:

❖ 1 pierna de cordero de 1 1/2 kg aprox. ❖ 4 dientes de ajo ❖ sal
❖ pimienta negra recién molida
❖ 3 cucharadas de aceite de oliva ❖ 750 g de patatas
❖ 2 cebollas grandes ❖ 500 g de tomates
❖ 1 cucharadita de orégano ❖ 1 o 2 berenjenas

Preparación

1. Lavar y secar la pierna de cordero. Cortar el ajo en trozos alargados y pequeños. Con un cuchillo, hacer pequeñas incisiones en la piel del cordero e introducir en ellas los trozos de ajo. Espolvorear la carne con sal y pimienta.

2. Calentar el aceite en un recipiente alargado y freír la pierna de cordero por ambos lados.

3. Precalentar el horno a 220 °C.

4. Lavar las berenjenas y cortarlas en rodajas. Echar sal y dejar reposar en un colador durante 30 minutos como mínimo. Secarlas y reservar.

5. Pelar las patatas, las cebollas y los tomates en rodajas. Mezclarlo y sazonar con sal y pimienta. Colocar las verduras alrededor de la pierna y espolvorearla con orégano.

6. Meter la carne en el horno, reducir la temperatura a 180 °C y asar durante 2 horas. Verter de vez en cuando el jugo del asado por encima de la carne para que no se seque. Dar la vuelta a la pierna y ponerla por el lado más graso hacia arriba. Un cuarto de hora antes de terminar la cocción agregar las berenjenas que habíamos reservado.

7. Dar una sola vuelta a las verduras durante el tiempo de cocción, para que se hagan uniformemente. Quitar la grasa que sobre y, si las verduras quedan secas, echar agua de vez en cuando.

8. Trinchar la pierna de cordero y servirlas con las verduras alrededor.

Potaje irlandés de cordero

Ingredientes para 4 personas:

❖ 1 kg de carne de cordero ❖ 6 cebollas grandes ❖ 1 kg de patatas medianas ❖ sal ❖ pimienta negra recién molida ❖ 1/2 l de caldo concentrado ❖ 1 hoja de laurel ❖ un poco de mantequilla

Preparación

1. Lavar la carne, secarla y cortarla en dados.

2. Pelar las patatas y las cebollas y cortarlas en rodajas.

3. Poner la mitad de las patatas en una cacerola honda, cubrirlas con la cebolla y poner la carne encima. Salpimentar y cubrir con el resto de las rodajas de patatas. Sazonar nuevamente, añadir la hoja de laurel y bañar con el caldo de carne.

4. Untar por un lado una hoja de papel de aluminio con abundante mantequilla. Cubrir la cazuela con el papel, tapar bien con una tapadera y cocer a fuego lento durante 1 hora y media.

5. Servir caliente y en platos hondos.

Pimientos rellenos a la aragonesa

Ingredientes para 4 personas:

❖ 4 pimientos grandes ❖ 400 g de carne de cordero ❖ 150 g de jamón ❖ 3 dientes de ajo ❖ 4 tomates grandes maduros ❖ pimienta molida ❖ una pizca de nuez moscada ❖ 4 cucharadas de manteca de cerdo ❖ aceite ❖ sal

Preparación

1. Asar los pimientos sobre la lumbre o en el horno.
2. Pelarlos cuidadosamente, partirlos por la mitad y retirar las semillas y el origen de la raíz o centro.
3. Cortar la carne a trozos y el jamón a dados.
4. Pelar y triturar los dientes de ajo.
5. Escaldar los tomates en agua hirviendo, retirarles la piel y picarlos finamente.
6. En una sartén amplia con aceite hirviendo, freír la carne y el jamón.
7. A los 10 minutos añadir el ajo triturado.
8. Picar la carne y el jamón.
9. En el aceite restante, freír los tomates y preparar un puré.
10. Enseguida salpimentar y agregar un poco de nuez moscada.
11. Mezclar el picadillo de carne con la salsa de tomate y dejar enfriar.
12. Rellenar los medios pimientos con esta mezcla, colocarlos en una fuente refractaria, rociarlos con la manteca, previamente derretida.
13. Hornear durante unos minutos.
14. Servir enseguida.

Albondiguillas turcas de cordero con yogur (Köfte Yoghurti)

Ingredientes para 4 personas:

❖ 600 g de carne de cordero o de carne tierna de carnero ❖ 3 dientes de ajo ❖ sal ❖ pimienta negra recién molida ❖ aceite para pincelar ❖ 2 yogures ❖ 2 cucharaditas de fécula ❖ hojas de menta cortadas en tiras

Preparación

1. Precalentar la parrilla.

2. Pelar y picar los ajos, junto con la carne, en la trituradora. Sazonar con la pimienta y la sal. Formar con las manos albondiguillas y pincelarlas con aceite.

3. Asar las albondiguillas en la parrilla, procurando que queden crujientes y doradas por todos los lados. Si se desea, se pueden freír en una sartén con un poco de aceite en vez de asarlas en la parrilla.

4. Mezclar los yogures con la fécula, ponerlos en una cazuela y darles un hervor, removiendo continuamente con una cuchara de madera.

5. Sazonar con sal.

6. Verter la mezcla de yogur por encima de las albondiguillas, sazonar con pimienta (o pimentón, si se desea) y espolvorear con hojas de menta cortadas en tiras.

7. Esta receta procedente de la cocina turca, puede servirse acompañada por una salsa de tomate.

Ballotina de cordero a la aldeana

Ingredientes para 4 personas:

❖ 1 espaldilla de cordero lechal o pascual ❖ 2 huevos ❖ 75 g de jamón crudo ❖ 1/2 cucharada de piñones ❖ 1 cebolla ❖ 1 1/2 zanahorias ❖ 1 diente de ajo ❖ especias al gusto ❖ 1 dl de aceite ❖ 1 vaso de vino blanco seco ❖ 1 vaso de agua ❖ 1 tomate muy maduro ❖ maicena ❖ sal

Preparación

1. Poner los piñones en remojo durante 1 hora.

2. Rehogar bien el jamón.

3. Hacer una tortilla con dos huevos, el jamón y los piñones.

4. Deshuesar la espaldilla de cordero y los huecos que quedan rellenarlos con la tortilla. Cerrar la abertura (envolviendo en ella la tortilla) y coser los bordes, procurando que el relleno adopte una forma alargada. Sazonar.

5. En el fondo de una cacerola poner la cebolla y las zanahorias, cortado todo en rodajas, el diente de ajo sin mondar y un cacito de aceite frío. Poner encima la espalda de cordero.

6. Rehogar a fuego lento en el horno y, cuando la carne esté dorada, incorporar el vino blanco, el agua y el tomate. Dejar cocer 20 minutos más en caso de que sea cordero lechal.

7. Si se tratase de un cordero mayor, tendrá que cocer un poco más de tiempo, incorporando agua si se queda seco.

8. Una vez fuera del fuego, dejar reposar 15 minutos, poner en una fuente de servir y quitarle las ataduras a la carne.

9. Colar el jugo a una cacerola más pequeña, espesar un poco con maicena y sevir, con la carne cortada en rodajas y el jugo por encima.

Este plato puede acompañarse, si se desea, con verduras, purés o macarrones.

Moussaka de cordero

Ingredientes para 4 personas:

❖ 400 g de carne de cordero picada ❖ 600 g de berenjenas ❖ 1 cebolla ❖ 2 tomates maduros ❖ 30 g de mantequilla ❖ 1 vaso de vino ❖ 1 huevo ❖ 30 g de pan rallado ❖ 60 g de queso parmesano rallado ❖ aceite de oliva ❖ sal ❖ perejil

Para la salsa:

❖ 30 g de mantequilla ❖ 30 g de harina ❖ 1/2 l de leche ❖ sal ❖ pimienta ❖ nuez moscada

Preparación

1. Lavar las berenjenas y, sin pelarlas, cortarlas en rodajas algo gruesas; salarlas y dejarlas unos 30 minutos para que suelten el jugo y, después de escurrirlas, secarlas con un papel absorbente y reservarlas.
2. Pelar y picar finas la cebolla.
3. Calentar la mantequilla en una sartén y rehogar en ella la cebolla; añadirle la carne picada, removiéndola bien.
4. Pelar los tomates, quitarles las semillas y picarlos pequeños; picar también el perejil y añadir ambos a la sartén, que se tapa para que el preparado se cueza a fuego suave unos 40 minutos.
5. Pasado este tiempo, salpimentar, añadir la clara de huevo y el vino, remover y retirar del fuego.
6. Calentar en otra sartén abundante aceite y freír las berenjenas a fuego vivo, dorándolas por ambos lados; sacarlas y escurrirlas bien con papel absorbente.

7. Preparar la salsa derritiendo mantequilla en un cazo y añadiéndole harina; remover y cocer hasta que forme una mezcla homogénea.
8. Verter la leche caliente y remover para que no se formen grumos; sazonar con sal, pimienta y nuez moscada y cocer, sin dejar de remover, hasta que la salsa quede lisa y espesa.
9. Añadir la yema de huevo y una cucharada de queso rallado.

10. Untar con mantequilla la fuente del horno, espolvorearla con pan rallado y poner en capas sucesivas berenjenas, la mezcla de carne y salsa y otra vez berenjenas.
11. Cubrir la moussaka con la salsa bechamel, espolvorear con el resto del queso rallado e introducir en el horno calentado a 170 °C durante 35 a 40 minutos, hasta que esté dorada.
12. Servir caliente en la misma fuente.

Caldero de pastor

Ingredientes para 4 personas:

❖ 1 kg de cordero o ternasco ❖ 2 cebollas ❖ 4 tomates maduros ❖ 1 kg de patatas ❖ pimienta blanca molida ❖ aceite ❖ sal

Preparación

1. Trocear la carne; pelar y cortar las cebollas.

2. Pelar las patatas y cortarlas en rodajas de 1 cm de espesor. Freírlas en aceite y conservarlas.

3. Escaldar los tomates en agua hirviendo, retirarles la piel y convertirlos en puré.

4. En una cazuela de barro amplia y plana con aceite hirviendo, dorar la carne.

5. A media cocción, añadir la cebolla y, cuando esté transparente, agregar el tomate.

6. Salpimentar.

7. Cuando el sofrito esté en su punto, agregar las patatas y mezclar carne, patatas y sofrito.

8. Dejar la cazuela sobre fuego mínimo durante unos 20 minutos.

9. Servir caliente en la misma cazuela.

Kebab

Ingredientes para 4 personas:

❖ 750 g de pierna de cordero ❖ 6 cebollas grandes ❖ 1 diente de ajo ❖ 2 dl de nata agria ❖ 2 dl de aceite ❖ 1 hoja de laurel ❖ 10 g de pimienta en grano ❖ 2 limones ❖ perejil ❖ sal

Preparación

1. Pelar 5 cebollas y el diente de ajo; pasarlos por la picadora hasta hacerlos puré.

2. Colocar este puré en una cazuela de barro y mezclarlo con la nata agria; añadir la hoja de laurel, deshecha con la mano, y los granos de pimienta, recién molidos.

3. Lavar, secar y cortar la carne de cordero en trocitos de unos 3 cm; poner estos trozos en el adobo y dejarlos reposar durante 3 horas, con la cazuela tapada.

4. Ensartar la carne en pinchos y ponerlos sobre la parrilla del horno con el gratinador encendido; dejarlos unos 5 minutos, dándolos vueltas frecuentemente hasta que estén bien dorados.

5. Exprimir los 2 limones.

6. Enseguida pelar la cebolla restante, rallarla y añadirle unas gotas de jugo de limón y una pizca de sal; verterle el aceite y batir hasta que tenga la consistencia de una mayonesa.

7. Enseguida añadir el resto del jugo de limón sin dejar de remover.

8. Servir los pinchos de cordero adornados con perejil y la salsa aparte.

Chilindrón de cordero

Ingredientes para 4 personas:

❖ 750 g de carne de cordero ❖ 1 cebolla ❖ 1 pimiento verde ❖ 8 tomates maduros ❖ 1 pimiento rojo asado ❖ 3 dientes de ajo ❖ 1/2 vaso de vino blanco ❖ manteca de cerdo ❖ aceite ❖ sal ❖ agua hirviendo

Preparación

1. Cortar el pimiento verde a cuadrados; pelar el pimiento asado y cortarlo a tiras.

2. Rallar los tomates y la cebolla sin piel, pelar y partir en laminillas los dientes de ajo.

3. Trocear la carne y rehogarla en una sartén con aceite hirviendo y manteca de cerdo.

4. Espolvorear con sal.

5. Mientras, en otra sartén con aceite caliente, sofreír el pimiento, la cebolla y el tomate.

6. Cuando la carne esté dorada por todos los lados, añadirles los ajos, el vino blanco, el sofrito de la otra sartén y las tiras de pimiento rojo; cubrirlo todo con agua hirviendo.

7. Dejar la cazuela a fuego normal durante 1 hora, aproximadamente, hasta que la carne esté tierna y el caldo algo mermado. Servir caliente.

Pastel de cordero al hojaldre

Ingredientes para 4 personas:

❖ 250 g de riñones de cordero ❖ 300 g de carne de ternera ❖ 150 g de masa de hojaldre congelada ❖ 150 g de champiñones ❖ 2 cebollas ❖ 20 g de mantequilla ❖ 30 g de fécula ❖ 1/4 de l de caldo de carne ❖ 1 cucharada de harina ❖ 1 yema de huevo ❖ 3 cucharadas de perejil picado ❖ sal ❖ pimienta negra

Preparación

1. Poner a descongelar la masa de hojaldre; lavar los riñones en abundante agua y dejarlos en remojo en agua fría durante 30 minutos; escurrirlos, partirlos por la mitad, quitarles los nervios y volverlos a lavar.

2. Cortar los riñones y la carne en lonchas delgadas.

3. Lavar los champiñones, quitarles la parte arenosa del tronquito y cortarlos en laminitas.

4. Pelar y cortar en daditos las cebollas y rehogarlas en mantequilla en una sartén; añadirles el perejil y sacarlas del fuego.

5. A continuación habría que mezclar la fécula, la harina, la pimienta y la sal en un plato y pasar por él las lonchas de carne.

6. Colocar en una fuente y en sucesivas capas, la carne, los riñones, los champiñones y la cebolla y bañarlo todo con el caldo de carne.

7. Enseguida cubrir todo este preparado con la masa de hojaldre apretándola en los bordes de la fuente y cortando la sobrante.

8. Finalmente hacer un agujero en el centro, untar con la yema batida y poner en el horno caliente alrededor de 1 hora.

Chuletas de cordero a la mañica

Ingredientes para 4 personas:

❖ 1 kg de chuletas de cordero ❖ 500 g de tomates maduros ❖ 2 dientes de ajo ❖ 2 huevos ❖ pan rallado ❖ aceite ❖ sal

Preparación

1. Rallar el tomate sin piel.

2. Enseguida en una cazuela de barro, con aceite frío y los ajos picados y pelados colocar las chuletas y dejarlas en maceración durante 1/2 hora, dándoles la vuelta de vez en cuando.

3. A continuación habría que batir los 2 huevos en un plato hondo y, en otro plato, formar un montículo de pan rallado.

4. Sacar las chuletas del aceite, espolvorear con sal y rebozarlas con huevo y pan rallado.

5. Una vez rebozadas, freírlas en aceite hirviendo, retirarlas y reservarlas.

6. En el mismo aceite sofreír el tomate y, cuando esté en su punto, añadir las chuletas, dejando la sartén sobre el fuego unos minutos más.

7. Disponer las chuletas en una fuente de servir, cubriéndolas con el sofrito de tomate.

Guiso de cordero con verduras

Ingredientes para 4 personas:

❖ 1 1/2 kg de paletilla de cordero con hueso ❖ 8 alcachofas ❖ 200 g de guisantes ❖ 4 cebollas ❖ 4 patatas ❖ 3 dientes de ajo ❖ 1 huevo duro ❖ 1 limón ❖ 1 hoja de laurel ❖ pimienta ❖ 1/2 l de vino blanco corriente ❖ aceite ❖ sal

Preparación

1. Cortar la carne en trozos, sin quitar el hueso.

2. En una cacerola con aceite caliente, dorarla a fuego vivo. Poner las cebollas, cortadas en gajos, y rehogarlas, dándoles varias vueltas. Añadir los dientes de ajo pelados y picados, y la hoja de laurel. A continuación, salpimentar al gusto y remover.

3. Bañar con el vino blanco y mantener hasta que merme un poco; añadir la cantidad de agua justa para cubrir la carne. Tapar y dejar cocer lentamente, durante casi 1 hora, añadiendo los guisantes a media cocción.

4. Mientras, quitar las hojas duras a las alcachofas, despuntarlas, frotarlas con el limón y cortarlas a cuartos. Seguidamente, hervir en abundante agua y sal, hasta que las alcachofas estén blandas.

5. Pelar las patatas y, cortadas a dados, freírlas en abundante aceite. Reservar.

6. Cuando el guiso esté casi terminado, añadir las alcachofas, escurridas, y las patatas fritas, dejándolo cocer todo junto durante unos minutos. Rectificar de sal y adornar con el huevo duro que habremos cortado en gajos.

7. Servir a continuación en la misma cazuela.

Cordero lechal al horno

Ingredientes para 4 personas:

❖ 1/2 cordero lechal ❖ 4 dientes de ajo ❖ manteca de cerdo ❖ 2 dl de vino blanco ❖ vinagre ❖ sal

Preparación

1. Picar en el mortero los dientes de ajo con un poco de sal.
2. Frotar con esta pasta el cordero y dejar macerar durante 30 minutos.
3. Precalentar el horno a temperatura media. Untar el cordero con la manteca de cerdo, salarlo y colocarlo a continuación en una fuente refractaria de barro.
4. Introducir en el horno y, cuando empiece a dorarse, regar con el vino. Darle la vuelta de vez en cuando para que vaya dorándose por igual. Cuando esté bien dorado y crujiente, sacarlo y mojarlo con un vasito de agua y una cucharada de vinagre.
5. Volver a meter en el horno y mantener unos 10 minutos más.
6. Servir caliente.

Cazuela de cordero con setas

Ingredientes para 4 personas:

❖ 1 paletilla de cordero ❖ 500 g de setas
❖ 2 cebollas ❖ 2 dientes de ajo
❖ 1 vasito de vino blanco seco
❖ 6 cucharadas de harina ❖ 1 hoja de laurel
❖ 2 ramitas de perejil ❖ 1 ramita de tomillo
❖ 1 pastilla de caldo de carne
❖ 1 dl de aceite de oliva
❖ 3 cucharadas de salsa de tomate
❖ sal ❖ pimienta

Preparación

1. Cortar la carne en trozos grandes; salpimentar y rebozar con harina.

2. Pelar y picar las cebollas y los ajos; picar finamente una ramita de perejil; lavar las setas.

3. Calentar la mitad del aceite en una cazuela de barro y dorar la carne; añadir la cebolla con una ramita de perejil, otra de tomillo y la hoja de laurel; rehogar a fuego suave hasta que la cebolla esté transparente.

4. Incorporar a la cazuela la salsa de tomate y el vino; diluir en una taza de agua templada la pastilla de caldo y agregar a la cazuela; dejar reducir la salsa.

5. Calentar el resto del aceite en una sartén y saltear las setas; espolvorear con ajo y perejil picados; remover y añadir a la cazuela; corregir la sazón de sal y dejar cocer hasta que la carne esté tierna.

6. Servir caliente en una fuente.

Cordero asado al romero

Ingredientes para 4 personas:

❖ 1 kg de costillar de cordero ❖ 4 patatas ❖ 1 ramita de romero ❖ 1 vasito de vino blanco seco ❖ 1 dl de aceite de oliva ❖ sal ❖ pimienta negra en grano

Preparación

1. Para empezar habría que pelar las patatas y cortarlas en rodajas finas.

2. Colocar las patatas en una fuente de horno; regarlas con aceite de oliva y sazonarlas con pimienta negra recién molida y sal.

3. Hornear las patatas a 180 °C; a media cocción, añadir el costillar de cordero; asar 15 minutos.

4. Retirar el cordero y las patatas; colocar en la fuente el romero, el vino blanco y un poco de agua, raspar el fondo y dar un hervor.

5. Servir el cordero con las patatas y la salsa colada.

Pierna de cordero al horno

Ingredientes para 6 personas:

❖ 1 pierna de cordero lechal de 1 1/2 kg, aproximadamente ❖ 50 g de manteca de cerdo ❖ 1/2 dl de aceite de oliva ❖ 1 copa de brandy ❖ sal ❖ pimienta

Preparación

1. Para empezar la preparación de este plato habría que untar la pierna de cordero con la manteca de cerdo y salpimentar generosamente.

2. Colocar la pierna de cordero en una bandeja refractaria, rociar con el aceite de oliva e introducirla en el horno ya caliente, a 220 °C.

3. Cuando esté exteriormente dorada, regar con el brandy y con su propio jugo.

4. Moderar la temperatura del horno y continuar rociando la pierna de cordero con su salsa. Retirar del horno después de un total de 30 minutos de cocción.

5. Este plato puede servirse acompañado de una buena ensalada o de puré de patatas.

Chuletitas de cordero con jamón

Ingredientes para 4 personas:

❖ 8 chuletas de cordero ❖ 800 g de jamón fresco ❖ 700 g de patatas ❖ 150 g de pan rallado ❖ 150 g de harina ❖ 1 1/2 cebollas ❖ 1/2 l de aceite ❖ 2 huevos ❖ 70 g de piñones ❖ 1/2 vaso de vino blanco ❖ sal

Preparación

1. Pelar y cortar las patatas y una cebolla grande en rodajas. Reservar.

2. Salar las chuletas; freírlas ligeramente en una sartén con aceite.

3. Batir en un cazo sólo la yema de los huevos; poner en un plato hondo el pan rallado y en otro la harina.

4. Envolver cada chuleta con una loncha de jamón fresco; pasarlas por harina, la yema batida, el pan rallado y volver a freír hasta que queden doraditas.

5. En la misma sartén freír las patatas, escurrirlas, salarlas y ponerlas en una fuente o bandeja para el horno. Repetir el proceso con las cebollas; cuando estén casi sofritas, salarlas y agregar los piñones; mezclar y juntar con la patatas.

6. Verter el vino blanco en la bandeja; incorporar las chuletas rebozadas e introducir durante 5 minutos en el horno antes de servir.

Pierna de cordero lechal asada al queso de Pido

Ingredientes para 4 personas:

❖ 1 pierna de cordero lechal ❖ 50 g de queso de Pido ❖ 1 ramito de cebollino fresco ❖ pimienta blanca ❖ 2 1/2 dl de jugo de carne ❖ 1 dl de leche ❖ sal

Preparación

1. Deshuesar la pierna de lechal y atarla con hilo de bramante.

2. A continuación habría que salpimentar y asar en el horno precalentado.

3. Cuando esté en su punto, sacarla del horno, dejarla enfríar un poco y cortarla en lonchas.

4. Preparar la salsa aplastando con el tenedor el queso hasta que quede hecho una pasta.

5. En un cazo, poner el jugo de carne y, cuando empiece a hervir, añadir el queso, la leche, un poco de jugo de cocer la pierna y un poco de sal y pimienta. Dejar reducir un poco y pasar por el chino.

6. Disponer la carne en una bandeja, esparcir la salsa por encima y adornar con cebollino picado.

Costillas de cordero con «allioli»

Ingredientes para 4 personas:

❖ 1 1/2 kg de costillas de cordero ❖ 2 dl de aceite ❖ sal

Para la salsa «allioli»:

❖ 1 cabeza de ajos ❖ 3 dl de aceite ❖ sal

Preparación

1. Primeramente salpimentar las costillas, bien limpias y aplanadas.

2. Untarlas con aceite.

3. A continuación habría que untar con aceite también las parrillas, esperar a que estén bien calientes y enseguida colocar las costillas; dejarlas dorar por los 2 lados, bien crujientes.

4. Servir inmediatamente y lo más caliente posible, para que estén sabrosas, acompañadas de la salsa «allioli» en salsera aparte.

Salsa «allioli»:

1. Machacar en el mortero los dientes de ajo, pelados, junto con un poco de sal, hasta convertirlos en una pasta finísima, sin que haya ningún trocito.

2. Añadir con cuidado, y removiendo continuamente con la mano de mortero, el aceite, gota a gota, hasta conseguir que se forme una salsa bien espesa.

3. Es un trabajo lento y delicado.

4. En algunas zonas de Cataluña se añade una manzana o un membrillo, cocidos, para facilitar la ligazón y no cambiar el gusto a la salsa.

Tripas de cordero al vino blanco

Ingredientes para 4 personas:

❖ 1 kg de tripas de cordero ❖ 1 cebolla ❖ 2 dientes de ajo ❖ 3 dl de aceite ❖ 1 vaso de vino blanco seco ❖ 1 copa de brandy ❖ 1 hoja de laurel ❖ 1 ramita de perejil ❖ sal ❖ pimienta en grano

Preparación

1. Picar el perejil muy fino.
2. Limpiar muy bien las tripas de cordero.
3. Pelar y picar los dientes de ajo y la cebolla.
4. Hervir 1 1/2 l de agua con sal en un olla.
5. Cuando hierva, agregar 3 granos de pimienta, la hoja de laurel, la picada de ajo y cebolla y las tripas.
6. Verter el vino blanco seco y el brandy y dejar cocer a fuego suave.
7. Escurrir las tripas cocidas y dejarlas reposar 1 hora; a continuación secarlas y trocearlas.
8. Calentar el aceite en una sartén y freír las tripas; tapar la sartén.
9. Escurrir las tripas de aceite y colocarlas en una bandeja.
10. Adornar con el perejil picado y servir caliente.

Hígado de cordero con cebolla

Ingredientes para 4 personas:

❖ 600 g de hígado de cordero ❖ 600 g de sangre (ya cocida) ❖ 100 g de tocino fresco ❖ 4 cebollas ❖ 2 dientes de ajo ❖ pimienta ❖ aceite ❖ perejil picado fino

Preparación

1. En una sartén al fuego con aceite, freír suavemente las cebollas cortadas finas, dejar dorar un poco y añadir los ajos picados.

2. Cortar la sangre en dados y añadir a la sartén con las cebollas, salpimentar y dejar cocer unos 8 o 10 minutos.

3. En otra sartén, poner un poco de aceite y freír el hígado cortado en filetes; salpimentar.

4. Freír a fuego vivo unos 5 minutos.

5. Pasado ese tiempo, juntar el preparado de las dos sartenes en una, mezclarlo bien y servir enseguida, bien caliente; espolvorear con perejil picado.

Cordero al estilo de Burgos

Ingredientes para 6 personas:

❖ *1/2 cordero lechal (la pierna y las costillas)* ❖ *4 dientes de ajo* ❖ *sal gorda* ❖ *manteca* ❖ *agua*

Preparación

1. Primeramente habría que cortar el cordero en 2 partes: la pierna y el costillar.
2. A continuación pelar y machacar en un mortero los dientes de ajo.
3. Untar con manteca una fuente para horno.
4. Untar también el cordero con trocitos de manteca y recubrirlo enteramente con sal gorda juntamente con los dientes de ajo picados.
5. Encender el horno. Tiene que ser horno fuerte.
6. Introducir la fuente con el cordero rociado con agua hasta llegar a la mitad de la carne.
7. Dejar en el horno unos 30 minutos.
8. Retirar la fuente, dar la vuelta al cordero y cocerlo de nuevo a horno fuerte, unos 30 minutos más.
9. La carne tiene que quedar crujiente por la parte superior, jugosa por dentro pero despegada completamente del hueso.

Cordero al estilo de la Sierra

Ingredientes para 4 personas:

❖ *1,250 kg de pierna de cordero* ❖ *2 rebanadas de pan de trigo blanco* ❖ *1 1/2 dl de aceite* ❖ *2 cucharadas soperas de vinagre.* ❖ *2 dientes de ajo* ❖ *1 ramita de perejil* ❖ *sal*

Preparación

1. Para empezar la preparación de este plato habría que trocear y salar el cordero.

2. Hervir poco más de 2 vasos de agua y mantenerla a fuego suave.

3. Enseguida pelar los dientes de ajo y picarlos junto con el perejil.

4. En una sartén pequeña con una cucharada de aceite caliente freír las rebanadas de pan.

5. En un mortero, machacar las rebanadas de pan fritas y diluirlas con 2 cucharadas de vinagre.

6. En una cazuela de barro, calentar el resto de aceite y freír los trozos de cordero. Cuando estén doraditos, añadir el picadillo de ajo y perejil.

7. Unos minutos después verter el agua hirviendo y la mezcla de pan y vinagre.

8. Dejar cocer lentamente hasta que la salsa se espese.

9. Comprobar el punto de sal y servir caliente.

Manos de cordero a la vinagreta

Ingredientes para 4 personas:

❖ *8 manos de cordero* ❖ *2 huevos duros* ❖ *1 cebolla* ❖ *2 pepinillos en vinagre* ❖ *aceite de oliva* ❖ *vinagre* ❖ *sal* ❖ *pimienta* ❖ *perejil* ❖ *alcaparras*

Preparación

1. Para comenzar con esta preparación habría que cocer las manos de cordero, escurrirlas, deshuesarlas y cortarlas en trozos regulares.

2. Picar finamente los pepinillos, las alcaparras y los huevos duros.

3. En un recipiente hondo, preparar una vinagreta con 8 cucharadas de aceite de oliva, 4 de vinagre, la cebolla picada y triturada, los pepinillos y alcaparras picados, sal, pimienta y los huevos.

4. Mezclar la salsa con un batidor o con una espátula de madera.

5. Echar en ella los pedacitos de mano y dejar reposar unas 2 horas.

6. Cuando la carne esté bien empapada con la salsa, servirla adornando con perejil picado.

Espalda de cordero con nabos

Ingredientes para 6 personas:

❖ 1 espalda de cordero de 1 1/2 kg, aprox., deshuesada ❖ 500 g de nabos pequeños y tiernos ❖ 10 cebollas pequeñas ❖ aceite ❖ manteca de cerdo ❖ 1 clavo de especia ❖ 3 dientes de ajo ❖ harina ❖ 1 hoja de laurel ❖ tomillo ❖ perejil ❖ sal ❖ pimienta

Preparación

1. Quitar las pieles y el exceso de grasa de la espalda; abrirla completamente y salpimentarla por los 2 lados. Arrollarla bien y atarla con bramante.
2. Pelar las cebollas y dejarlas enteras.
3. Pelar y triturar los dientes de ajo y el perejil.
4. Pelar los nabos.
5. En una cazuela amplia con aceite y manteca muy caliente, dorar la espalda. Cuando esté en su punto por todos los lados, añadir las cebollitas y al cabo de unos minutos rociarla con un poco de agua tibia.
6. Añadir a la carne el perejil, los ajos, la hoja de laurel, el tomillo y el clavo de especia.
7. Dejar la cazuela a fuego lento, dando la vuelta a la carne de vez en cuando.
8. En una sartén con aceite caliente, freír los nabos hasta que queden bien dorados.
9. 30 minutos antes de acabar la cocción de la carne, añadir los nabos fritos.
10. Rociar con un poco de harina disuelta en agua tibia.
11. Poner la carne en una fuente de servir, rociar con el jugo y adornar con los nabos.

Cordero con verduras

Ingredientes para 4 personas:

❖ 750 g de carne de cordero deshuesada ❖ 4 zanahorias tiernas ❖ 250 g de guisantes desgranados ❖ 1 cebolla ❖ 500 g de patatas ❖ 4 alcachofas tiernas ❖ verduras del tiempo al gusto ❖ 4 cucharadas de manteca de cerdo ❖ sal

Preparación

1. Cortar a pedacitos la carne y las verduras.

2. En una cazuela con la manteca o aceite caliente, rehogar la carne.

3. Añadir la cebolla, y dar la vuelta a la carne; cuando la cebolla empiece a tomar color, agregar las verduras; espolvorear todo con sal, mezclar durante unos minutos y cubrir con agua.

4. Dejar la cazuela a fuego lento durante 30 minutos, aproximadamente.

5. Servir caliente.

Ragú de cordero a la valenciana

Ingredientes para 6 personas:

❖ 600 g de espalda de cordero ❖ 600 g de pecho de cordero ❖ 300 g de carne magra de pierna de cerdo ❖ 50 g de manteca de cerdo ❖ 250 g de arroz ❖ 1 cebolla ❖ 2 dientes de ajo ❖ 1 ramito de hierbas aromáticas ❖ 1 1/2 l de caldo de carne o de ave ❖ sal ❖ pimienta de Cayena

Preparación

1. Primeramente cortar la espalda y pecho de cordero en trozos regulares.

2. Calentar la manteca de cerdo en una cazuela de barro.

3. Rehogar los trozos de cordero; dejar dorar.

4. Cortar la carne de cerdo en dados, añadir a la cazuela y dorar.

5. Una vez doradas las carnes, añadir la cebolla y ajos picados pequeños, añadir un poco de pimienta de Cayena y dorar un poco más.

6. Rociar la carne con el caldo tibio y añadir el ramillete aromático, llevar a ebullición, luego dejar a fuego lento 1 hora y 15 minutos.

7. Cuando el cordero esté casi cocido, echar el arroz y dejar que prosiga la cocción 15 minutos más.

8. Sacar el ramito de hierbas aromáticas.

9. Servir en la misma cazuela.

Estofado de cordero mechado

Ingredientes para 6 personas:

❖ 1 pierna de cordero de 1 1/2 kg, aproximadamente ❖ 200 g de tocino ❖ 3 cebollas ❖ 3 zanahorias ❖ 1 ramillete de hierbas aromáticas ❖ caldo de carne ❖ sal ❖ pimienta

Preparación

1. Deshuesar la pierna y mecharla con el tocino cortado a tiras (esta operación pueden hacerla en la carnicería); atarla y disponerla en una cazuela amplia.

2. Pelar y picar las cebollas.

3. Trocear las zanahorias y añadirlas a la cazuela junto con el ramillete de hierbas; verter caldo hasta la mitad de la cazuela y salpimentar.

4. Poner la cazuela sobre fuego vivo, taparla y dejarla hasta que la carne esté en su punto y el jugo mermado.

5. Finalmente trocear la carne, disponerla en una fuente para servir y recubrirla con el jugo, previamente pasado por el chino.

Cabeza y asadura de cordero a la navarra

Ingredientes para 4 personas:

❖ 1 cabeza de cordero
❖ asadura del cordero (riñón, corazón e hígado)
❖ 6 pimientos choriceros ❖ 1 cebolla grande
❖ 6 dientes de ajo ❖ 2 dl de aceite de Trujal
❖ 1 vasito de vino blanco ❖ 1 ramita de perejil
❖ sal ❖ pimienta

Preparación

1. Poner los pimientos 30 minutos en remojo con agua; escurrirlos.
2. Con ayuda de una cucharita quitarles la pulpa y reservarla.
3. Limpiar la cabeza minuciosamente, salpimentarla.
4. Lavar y cortar la asadura en dados.
5. Pelar y picar los dientes de ajo, la cebolla y el perejil.
6. Introducir en la cabeza de cordero la mitad del ajo, la cebolla y el perejil picados.
7. Atar la cabeza con cuerda de cáñamo.
8. Colocar la cabeza en una cazuela, rociarla con un chorro de aceite y verter el resto en la cazuela.
9. Dorar ligeramente la cabeza a fuego moderado.
10. Al cabo de 10 minutos, añadir la asadura y el resto de la picada de ajo, cebolla y perejil.
11. Rehogarlo todo y remover continuamente con una cuchara de madera.
12. A media cocción, verter el vino blanco con un vasito de agua y la pulpa de los pimientos.
13. Sazonar con sal y cocer a fuego suave hasta que la asadura esté tierna.
14. Sacar el hilo de la cabeza y servir caliente.

BUEY/VACA

Platos suculentos y asados sabrosos

El buey es el macho vacuno de la especie bovina (*Bos taurus*) de seis años. Pero por lo común se denomina buey al adulto macho, y la hembra es la vaca.

Sin embargo, por regla general, es indistinto hablar de buey o vaca, puesto normalmente se confunden.

En realidad, la vaca corresponde a la hembra de entre dos y cuatro años, dedicada exclusivamente para el matadero, una vez que ha cambiado los dientes de leche. Si el animal sacrificado tiene 2 años, entonces es ternera, y sus cualidades son diferentes. Se considera carne de buey de mejor calidad la de los animales sacrificados entre los 5 y 7 años.

La carne de buey y la de vaca se diferencian en que ésta tiene un color más claro y su grasa es más amarillenta.

La producción de la carne de buey y su comercialización son cada vez más considerables en todo el mundo. En algunos países tienen costumbre de emplear algunas razas como animales de tiro y carga. También es habitual criarlas especialmente para conseguir que su carne resulte más nutritiva y agradable para su consumo. Estas razas son las llamadas de engorde y hace unos 250 años que se iniciaron los estudios sobre selecciones y cruces, con el fin de conseguir especies más adecuadas y exquisitas.

Valor nutritivo

La carne de buey es de las más nutritivas, pues aporta un 20 % de proteínas y 200 kcal por cada 100 g, además de proporcionar al organismo humano gran cantidad de hierro y vitaminas. El ser humano puede consumir diariamente de 150 a 200 g, siempre que se alterne con otros alimentos que aporten proteínas, como el pescado y los huevos.

Su carne tiene más grasa que la del caballo o el pollo, pero menos que la del cerdo. Se clasifica en la categoría de carnes rojas. Aunque las carnes blancas son las que mejor se digieren, la carne de buey es perfectamente digerible y produce vitalidad y apetito.

Si bien es cierto que la carne cocinada pierde una parte de sus propiedades, la carne cruda no es mucho más alimenticia, y conviene advertir que tampoco es cierto que el jugo de carne sea muy alimenticio. En realidad, es preciso encontrar un término medio. Puede decirse que la mejor manera de cocinarla es dándole el punto. O sea, ni cruda, ni muy hecha.

Las carnes de buey o vaca de primera calidad son un color rojo intenso, ofrecen un olor suave y agradable, y presentan consistencia ligeramente elástica, con profusión de filamentos grasos y una capa de

grasa blanca amarillenta. En cambio, las carnes de inferior calidad ofrecen un color rojo oscuro o muy pálido, carecen por completo de grasas o bien las tienen en exceso y resultan muy blandas al tacto.
La carne de buey y vaca, como la de ternera, también está clasificada por categorías. La máxima calidad corresponde a la carne que se puede reconocer por su color rojo vivo y porque tiene la grasa blanca. Así pues, se pueden distinguir los diversos trozos, que corresponden a las calidades siguientes:

- Primera calidad: solomillo, lomo bajo, alto o chuletas, cadera, babilla, tapa y contratapa.
- Segunda calidad: espaldilla, aguja, morcillo y tapa de chuletas.
- Tercera calidad: falda, pecho, pescuezo y rabo.

A cada una de las partes del animal, por sus características, le corresponde una especial manera de cocinarla, que puede resumirse del modo siguiente:

- Solomillo. Se emplea para hacer asados y emparrillados. Es una pieza muscular que está situada entre las costillas y es la parte más apreciada de la vaca o buey.
- Lomo de vaca. Tiene dos partes, lomo alto y lomo bajo. El lomo alto es la parte más ancha; se emplea para rosbif y entrecot. El lomo bajo es la parte más estrecha; se utiliza para asados y bistecs.
- Cadera. Es la parte más escogida. Con ella se hacen buenos asados, filetes y braseados.
- Tapa. De esta parte se sacan unos filetes muy sabrosos.
- Contratapa. Se emplea para cocinar guisados, ya que es carne muy magra y algo seca.
- Espaldilla. Es el cuarto delantero de la res. Se emplea para braseados y guisados en trozos.
- Aguja y tapa de chuletas. Es una carne muy tierna, aunque no tiene mucha presentación. Resulta ideal para guisados con patatas y estofados.
- Morcillo. Es un músculo de la pantorrilla. Lo compone una carne gelatinosa, adecuada para el cocido.
- Aleta. Es la parte delantera del pecho que no tiene hueso. También es muy buena para el cocido.
- Pecho. La parte magra del pecho sirve muy bien para estofados y para hacer caldos.
- Pescuezo y rabo. Sólo sirven para caldos y sopas.

Tiempos de cocción

Para que la carne quede bien hecha hay que tener muy en cuenta los tiempos de cocción, puesto que si está demasiado hecha pierde todo su sabor.
Hay que tener en cuenta que 1 kg de solomillo puede tardar unos 30 minutos para asarse al horno, y que por cada 500 g más de carne, debe cocerse unos 15 minutos más.
Los bistecs salteados a la parrilla se dejan unos 4-5 minutos por un lado y 4 minutos por el otro.
Por su parte, los estofados y guisos se tienen que hacer a fuego lento y se calcula un promedio de 2 horas y 30 minutos por cada 2 1/2 kg de carne. Por cada 500 g más, se deja unos 15 minutos más.
Y para cocer los huesos y carne son necesarias de 4 a 5 horas, con un hervor muy lento.

La mejor manera de cocinar la carne

Para cocinar la carne se emplean diversos sistemas. El más corriente para los filetes es freírlos en la sartén, aunque para que la carne se haga en su punto son necesarios algunos re-

quisitos: El primer paso es limpiar de nervios los filetes y cubrir de grasa o aceite el fondo de la sartén y agregar la carne sólo cuando la grasa esté muy caliente. Se deja unos 4 minutos y se le da vuelta, procurando no pinchar la carne; se deja otros 3 o 4 minutos, según el gusto de cada uno. Finalmente se sazona. La grasa que queda en la sartén no se debe poner sobre el filete.

Otra manera de cocinarla es emparrillada. Se coloca la parrilla sobre brasas excelentes de leña o carbón vegetal y se calienta antes de poner la carne; de este modo se evita que la carne se pegue a la parrilla. Un truco sencillo para que la carne quede más jugosa es no marearla, es decir, sólo hay que darle vuelta a la carne una vez. Y al darle la vuelta conviene hacerlo con utensilios de madera, para no pincharla. Antes de sacarla de la parrilla hay que salpimentarla.

Para cocinar los estofados se emplea la técnica del braseado. Se somete la carne a una cocción lenta y prolongada en una cacerola tapada y de este modo la carne se hace por concentración. El tiempo adecuado es de 2 horas y 30 minutos a fuego lento.

El método más utilizado por su comodidad es el asado al horno. Lo mejor de hacerlo de este modo es que se pueden alcanzar diversas temperaturas. Se ha de procurar que los alimentos no estén en contacto con líquidos. La carne debe quedar dorada en su superficie.

Otro método adecuado para diferentes tipos de carnes es a la sal. Su preparación es muy sencilla y la carne resulta muy jugosa. Se coloca sal gorda sobre la bandeja preparada para el horno, se dispone la carne sobre la capa y se cubre la pieza con el resto de la sal. La carne debe quedar totalmente cubierta. Se introduce en el horno a temperatura media durante 1 hora, aproximadamente, o hasta que la costra de sal se vea resquebrajada. Para sacar la carne hay que golpear la sal, y ésta saldrá a piezas considerables; un truco para que se rompa fácilmente es colocar un cuchillo grande encima y golpear el canto con un martillo. Una vez sacada la carne y eliminados los restos que puedan quedar de sal, se corta en lonchas finas. Se puede consumir templada o fría.

Tournedós maître d'hôtel

Ingredientes para 6 personas:

❖ 1 1/4 kg de solomillo del centro (en filetes) ❖ 60 g de mantequilla ❖ 6 rebanadas de pan de molde y sin corteza ❖ 10 cucharadas de aceite ❖ 2 cucharadas de zumo de limón ❖ 1 cucharada de perejil picado ❖ una pizca de pimienta negra recién molida ❖ sal

Preparación

1. Para empezar con esta preparación habría que batir la mantequilla, procurando que no se derrita. Mezclarla con el zumo de limón, el perejil, la pizca de pimienta negra y la sal.

2. Con la pasta hacer un rodillo y ponerlo en papel de estaño, dejándolo enfriar para que se endurezca.

3. Freír las rebanadas de pan en aceite caliente, poniéndolas a escurrir sobre un papel de cocina o un paño.

4. Poner en una sartén las 10 cucharadas de aceite y freír los filetes, dejándolos 5 minutos por cada lado.

5. Una vez hechos, sazonarlos e ir poniéndolos sobre el pan frito. Cortar la mantequilla en tantas rodajas como filetes hayan y colocarlas encima al momento de servir.

Vaca a la moda en frío

Ingredientes para 6 personas:

❖ 1 kg de redondo o tapilla de vaca ❖ 2 patas de ternera ❖ 100 g de tocino ❖ 100 g de manteca ❖ 1 dl de vino blanco ❖ 2 cebollas ❖ 3 tomates ❖ 1 puerro ❖ 1 tallo de apio ❖ 1 diente de ajo ❖ 26 zanahorias ❖ 2 docenas de cebollitas pequeñas ❖ 1 hoja de laurel ❖ 1 clavo ❖ sal ❖ pimienta

Preparación

1. Quitar los sobrantes de la carne y, con ayuda de una jeringuilla mechadora, introducir en ella unas mechas grandes de tocino, en el mismo sentido que la fibra de la carne.

2. Atar la carne con hilo de bramante, sazonarla, untarla con manteca y, junto con las dos patas de ternera, limpias y escaldadas, disponerla en una cazuela donde habrá un fondo de zanahorias, cebollas, puerro, laurel, ajo, perejil, apio, clavo y menta. Dejar cocer 2 horas, regándolo de vez en cuando con el vino.

3. Cuando hayan pasado las dos horas, retirar la carne y las patas de ternera, colar el jugo y desengrasar.

4. Poner de nuevo el jugo colado en la cacerola con la carne y las patas de ternera, estas últimas ya troceadas y sin huesos. Proseguir la cocción.

5. Enseguida limpiar dos docenas de cebollitas pequeñas y otras dos docenas de zanahorias. Dorarlo todo en la sartén con grasa, escurrirlas e incorporar a la vaca que está cociendo de nuevo. Dejar al fuego al menos durante 1 hora.

6. Cortar la carne en tajadas y disponer sobre una fuente. Volcar esta fuente sobre otra, como si se diera la vuelta a una tortilla. Cubrir la carne con el jugo y la guarnición y dejar enfriar durante 1 día.

7. Cuando se vaya a servir, calentar un poco la fuente que contiene la carne, que debe estar hecha un bloque compacto de jugo y guarnición. Volver de nuevo en la fuente en la que ha de servirse.

8. Con este segundo vuelco, la carne vuelve a presentarse como estaba al principio, que es como se ha de servir. El jugo, al estar frío, se habrá coagulado debido a la gelatina de las patas de ternera.

Aguja guisada

Ingredientes para 6 personas:

1 kg de aguja troceada ❖ 1/4 de kg de cebollitas grandesas ❖ 1/4 de kg de champiñones ❖ 4 zanahorias medianas ❖ 1 tomate grande maduro ❖ 2 dientes de ajo ❖ caldo ❖ 1 cucharada de harina ❖ 1 ramillete de hierbas aromáticas ❖ sal ❖ pimienta ❖ aceite

Preparación

1. Freír los ajos en una cazuela con aceite.

2. Apartar los ajos fritos y rehogar la carne en el mismo aceite.

3. Añadir luego las cebollitas peladas y enteras y dejar que se doren.

4. Calentar el caldo aparte.

5. Escaldar el tomate, pelarlo y picarlo. Pelar las zanahorias y trocearlas.

6. Agregar a la cazuela las zanahorias, el tomate y la harina. Mover bien con una cuchara de madera y verter el caldo caliente por encima. Salpimentar, agregar las hierbas aromáticas, tapar y cocer 1 hora a fuego lento.

7. Pasada esta hora, lavar los champiñones e incorporar al guiso, prosiguiendo la cocción 30 minutos más. Servir caliente.

Tournedós Rossini

Ingredientes para 6 personas:

❖ 1 1/4 kg de solomillo de añojo ❖ 6 rebanadas de pan de molde ❖ 100 g de mantequilla ❖ 1 lata de trufas ❖ 1 copa de jerez ❖ 6 cucharadas de aceite ❖ 1 cucharada rasa de harina ❖ 200 g de caldo de carne desgrasado ❖ 6 trozos de foie-gras ❖ 1 chalota picada ❖ sal ❖ pimienta negra

Preparación

1. Derretir la mitad de la mantequilla en un cazo. Dorar en ella la chalota e incorporar la harina, para que tome algo de color. Agregar el caldo y la copa de jerez. Dejar cocer suavemente para que se reduzca bastante y pasar por un colador fino.

2. Poner de nuevo al fuego, echarle las trufas con su jugo, cortadas en tiritas muy finas. Salpimentar y servir en salsera aparte.

3. Freír los tournedós, que deben tener unos 3 cm de grosor, en el aceite y el resto de la mantequilla, teniéndolos 5 minutos por cada lado.

4. Cortar las rebanadas de pan en forma redonda y freírlas. Ponerlas sobre papel de cocina para quitarles la grasa.

5. Colocar el pan sobre una fuente de servir y poner encima de cada rebanada un tournedós, un trozo de foie-gras y una lámina de trufa, quedando listo para servir a la mesa.

Esta receta es una creación del célebre músico Rossini, de ahí su nombre.

Boeuf bourguignon

Ingredientes para 6 personas:

❖ *1 kg de carne de buey para guisar* ❖ *1 kg de patatas* ❖ *20 g de mantequilla* ❖ *2 cucharadas de aceite* ❖ *1 diente de ajo* ❖ *3 tomates maduros* ❖ *1 zanahoria* ❖ *1 ramillete de hierbas con perejil, tomillo, laurel, salvia, apio y romero* ❖ *sal* ❖ *pimienta*

Para la maceración:

❖ *1 botella de vino tinto* ❖ *3 zanahorias en rodajas* ❖ *1 cebolla grande picada* ❖ *2 chalotas* ❖ *1 diente de ajo* ❖ *5 granos de pimienta negra* ❖ *1 clavo de especia* ❖ *1 cucharada de aceite*

Preparación

1. Trocear la carne y colocarla en una cazuela de barro con todos los ingredientes de la maceración. Dejar en sitio fresco durante 1 día.

2. Pasado este tiempo, escurrir los trozos de carne y en una cazuela dorarla, con un poco de aceite y a fuego vivo. Añadir las tres zanahorias en rodajas, la cebolla y las chalotas de la maceración, junto con los 20 g de mantequilla. Cocer 15 minutos sin tapar la cazuela.

3. Cubrir la carne con el vino colado de la maceración y llevar a ebullición.

4. Salpimentar e incorporar los tomates pelados, sin pepitas y troceados, el diente de ajo, el ramillete de hierbas y una zanahoria.

5. Tapar la cazuela y dejar cocer a fuego lento durante 2 o 3 horas.

6. Media hora antes de finalizar la cocción, poner a hervir las patatas que se servirán alrededor de la carne, cubierta con la salsa pasada por la batidora.

Si se desea, se puede acompañar el guiso de champiñones salteados en mantequilla y cebolletas cocidas aparte, con trocitos de panceta salada.

Budín de carne

Ingredientes para 4 personas:

❖ *los restos de carne cocida y picada (aprox. 1 kg)* ❖ *1 cucharadita rasa de levadura* ❖ *3 cucharadas de harina* ❖ *1 sobre de queso rallado* ❖ *60 g de margarina* ❖ *3/4 de l de leche* ❖ *4 huevos* ❖ *sal*

Preparación

1. Separar las claras de las yemas. Poner al fuego un cazo con la margarina y rehogar en ella la harina, haciendo una bechamel con la leche.

2. Fuera del fuego, mezclar la bechamel con las yemas. Mezclar después con la carne picada y sazonar.

3. Batir las claras a punto de nieve.

4. Untar un recipiente de horno con mantequilla o margarina.

5. Mezclar con cuidado la bechamel y la levadura y añadir a esta mezcla las claras batidas a punto de nieve.

6. Poner todo en el recipiente de horno, espolvorear con el queso rallado y hornear, durante 20 minutos, a temperatura moderada.

7. Servir caliente.

Sauerbraten (asado de buey alemán)

Ingredientes para 6 personas:

❖ 1 1/2 kg de carne de buey para asar ❖ 100 g de tocino en tiras ❖ 1/2 limón ❖ 1 cebolla ❖ unas bayas de enebro ❖ 3 zanahorias ❖ 3 vasos de agua ❖ 1 vaso de vino tinto ❖ 1 vasito de vinagre ❖ 1 vasito de nata ❖ manteca de cerdo ❖ harina ❖ sal ❖ azúcar

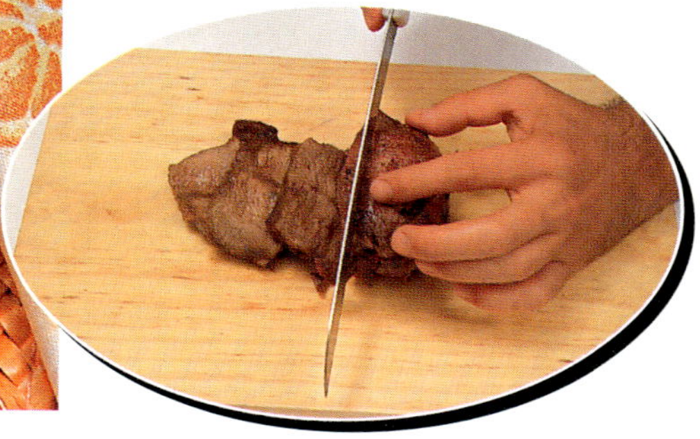

Preparación

1. Atar la pieza de carne y dejar macerar durante 12 horas en un adobo preparado con el agua, el vinagre, las zanahorias en rodajas, las bayas de enebro, la cebolla partida en cuartos, el medio limón y una pizca de sal.

2. Pasado este tiempo, retirar la carne del adobo, escurrirla y mechar con las tiras de tocino.

3. Derretir manteca en una cazuela grande y dorar en ella la carne, previamente espolvoreada con harina. Ir dándole vueltas y mojándola con la salsa del adobo, previamente colado.

4. Una vez dorada la carne, meterla en el horno a temperatura alta por espacio de 2 horas.

5. Enseguida hacer una salsa calentando un poco de manteca en una sartén y añadiéndole azúcar. Dejar que se tueste y añadir dos cucharadas de harina, dejándola tostar también.

6. Incorporar el vino tinto, la nata líquida y el resto del adobo colado. Bajar el fuego y esperar a que la salsa se reduzca.

7. Cortar la carne en filetes, echar la salsa por encima y servir caliente.

Buey a la moda

Ingredientes para 6 personas:

❖ 1 1/4 de kg de carne de buey para asar ❖ 1 mano de ternera ❖ 1 manojo de cebollitas francesas ❖ 2 dientes de ajo ❖ 50 g de tocino ❖ 6 zanahorias medianas ❖ 1 vaso de vino blanco seco ❖ 1 vaso de caldo ❖ tomillo ❖ laurel ❖ sal ❖ pimienta ❖ aceite

Preparación

1. Calentar aceite en una cacerola grande y dorar la carne.

2. En una sartén, freír las cebollitas, peladas y partidas en dos, y los dientes de ajo picados.

3. Cuando se haya dorado la carne, incorporar el tocino troceado, la mano de cerdo, las zanahorias cortadas en rodajas, el tomillo, la hoja de laurel y el sofrito de cebollitas y ajos. Tapar la cacerola y dejar cocer unos minutos.

4. Salpimentar, verter el vaso de caldo y el de vino blanco y llevar a ebullición. Tapar de nuevo la cacerola y bajar la intensidad del fuego.

5. Dejar cocer durante 3 horas.

6. Finalmente servir trinchado en rodajas y rociado con el jugo.

El buey a la moda es una receta francesa que también puede cocinarse con carne de vaca o de ternera.

Fondue asiática

Ingredientes para 10 personas:

❖ 250 g de solomillo de buey ❖ 250 g de filete de cordero ❖ 250 g de filete de cerdo ❖ 150 g de hígado o de riñón de cerdo ❖ 200 g de filete de pescado ❖ 200 g de gambas peladas ❖ 100 g de fideos orientales puestos en remojo ❖ 10 tacos de tofu ❖ 1 col pequeña ❖ 10 cebollas pequeñas

Para la salsa:

❖ 12 cucharadas de salsa de soja ❖ 2 cucharadas de jengibre molido ❖ 6 cucharadas de aceite de soja ❖ 2 cucharadas de perejil picado

Para el caldo:

❖ 1 1/2 l de caldo de pollo ❖ 4 rodajas de raíz fresca de jengibre ❖ sal ❖ pimienta blanca recién molida

Preparación

1. Secar la carne, congelarla ligeramente y cortarla a continuación con un cuchillo afilado en tacos. Colocar los tacos extendidos en una fuente.

2. Escaldar el hígado o el riñón durante unos 2 minutos y ponerlo en agua fría. Cortarlo después en lonchas finas.

3. Cortar el filete de pescado en tacos.

4. Poner el tofu en agua fría durante 1 minuto y cortarlo a cuartos.

5. Cortar la col en trozos pequeños. Limpiar las cebollas frescas y dejarlas enteras.

6. Poner los fideos a escurrir en un colador.

7. Colocar los ingredientes de manera decorativa en la fuente con la carne.

8. Para la salsa, hervir todos los ingredientes y distribuirla en 10 tazas pequeñas. Esta salsa se utilizará para mojar la carne.

9. Hervir el caldo en una cazuela de fondue junto con la raíz de jengibre, la sal y la pimienta. Poner la cazuela encima del hornillo de la fondue en el centro de la mesa.

10. Colocar los ingredientes ya preparados alrededor de la cazuela y poner en la mesa delante de cada comensal una taza con salsa de soja.

11. Cada comensal elegirá el ingrediente que desea comer y, con un tenedor, lo sumergirá en la fondue.

Esta fondue cantonesa puede servirse acompañada con pan de gambas. Es costumbre ofrecer como sopa el caldo de cocción al final de cada comida.

Buey / Vaca

Carbonada de carne

Ingredientes para 2 personas:

❖ *1/2 kg de carne de aguja* ❖ *2 cebollas medianas* ❖ *2 tomates maduros* ❖ *2 zanahorias* ❖ *1 pimiento verde* ❖ *1 vaso de vino blanco* ❖ *4 cucharadas de aceite* ❖ *azafrán* ❖ *una pizca de canela* ❖ *sal*

Preparación

1. Para empezar habría que trocear la carne en pedazos no muy grandes.

2. Poner aceite en una sartén y rehogar la cebolla, cortada en tiras, dorándola un poco.

3. A continuación añadir la carne, rehogándola ligeramente. Agregar los tomates, sin semillas ni piel, cortados en pedacitos.

4. Poner la carne a cocer en una olla con el vino blanco, el pimiento verde cortado en tiras, las zanahorias en rodajas, el azafrán y la canela. Sazonar y dejar cocer a fuego medio durante 30 o 40 minutos.

5. Servir caliente.

Empanada de lomo

Ingredientes para 4 personas:

❖ *4 filetes de lomos finos* ❖ *1 lámina de pasta brisa Herta* ❖ *1 pimiento rojo* ❖ *2 huevos, uno de ellos duro* ❖ *200 g de sofrito de tomate* ❖ *aceite* ❖ *sal* ❖ *pimienta*

Preparación

1. Cortar el pimiento en trocitos y freírlo en una sartén con aceite, hasta que quede tierno.

2. Cortar la carne en tiras, salpimentarla y agregarla a los pimientos. Freírla unos minutos e incorporar el sofrito de tomate.

3. Dejar cocer hasta que reduzca el sofrito de tomate. Retirar del fuego y mezclar con el huevo duro, previamente picado.

4. Desenrollar la pasta brisa sobre la bandeja del horno y cubrir la mitad con la preparación anterior, sin que llegue a los bordes.

5. Doblar la pasta sobre el relleno y unir los bordes. Humedecer con un poco de agua y presionar los bordes con un tenedor.

6. Pintar la superficie con huevo batido y cocer la empanada en el horno hasta que se dore, a fuego medio.

7. Servir enseguida.

Filete a la mostaza

Ingredientes para 2 personas:

❖ 2 chuletones de 1/2 kg cada uno, sin hueso ❖ 4 tomates ❖ 1 yema de huevo ❖ 1/4 de l de nata líquida ❖ 4 cucharadas de mostaza ❖ sal ❖ pimienta negra

Preparación

1. Primeramente poner al fuego una placa y, cuando esté muy caliente, colocar los chuletones, dejándolos 5 minutos por un solo lado. Salpimentar y colocarlos en una fuente metálica, de manera que quede para arriba el lado sin hacer.

2. Cortar la parte superior de los tomates y ponerlos a escurrir boca abajo sobre un plato.

3. Mezclar la yema batida con la nata y la mostaza y echar por encima de los tomates.

4. Colocar los tomates en la fuente rodeando los dos chuletones.

5. Meter la fuente en el horno a gratinar a fuego fuerte durante 5 minutos.

6. Servir los chuletones acompañados de los tomates.

Pastel francés de carne

Ingredientes para 4 personas:

❖ 250 g de carne picada de bistec ❖ 150 g de bacon ❖ 2 patatas hervidas ❖ 1 cebolla ❖ 50 g de almendras peladas ❖ 2 huevos, separadas las yemas de las claras ❖ 2 panecillos sin corteza, puestos en remojo y aplastados ❖ 1 pizca de nuez moscada ❖ 1 cucharada de mantequilla ❖ 1 vasito de brandy ❖ 1 cucharadita de curry en polvo ❖ mantequilla para untar el molde

Preparación

1. Untar con mantequilla un molde rectangular.

2. Precalentar el horno a 250 °C.

3. Picar muy fino la cebolla, las patatas, el bacon y la carne. Mezclarlo todo, haciendo una masa.

4. Derretir un poco de mantequilla y pincelar con ella el pastel de carne.

5. Meterlo al horno, a temperatura media, durante 30 minutos.

6. Servir caliente o frío.

Estofado de buey

Ingredientes para 6 personas:

❖ 1 kg de carne de buey, morcillo, espalda, etc. ❖ 150 g de tocino fresco entreverado
❖ 1 cebolla grande ❖ 1 zanahoria ❖ 2 tomates ❖ 1 cabeza de ajos entera
❖ 1/4 de l de vino rancio seco ❖ 1 copita de aguardiente
❖ 2 cucharadas de harina ❖ 100 g de manteca de cerdo
❖ 1 ramito compuesto (laurel, tomillo, perejil)
❖ 750 g de patatas pequeñas
❖ 500 g de cebollitas pequeñas ❖ 30 g de chocolate
❖ canela en rama ❖ sal ❖ pimienta

Preparación

1. Poner una cazuela de barro al fuego con la manteca de cerdo.

2. Cuando esté derretida, poner los trocitos de tocino a dorar.

3. Cortar la carne de buey en dados grandes, añadir a la cazuela, rehogar hasta que tome un color dorado, salpimentar.

4. Añadir la cebolla cortada en trozos medianos, la zanahoria en rodajas, la cabeza de ajos pelada pero entera, el ramito compuesto; rehogar bien y añadir también los tomates, remover y a los 5 minutos añadir el vino y el aguardiente, la canela en rama, tapar, dejar reducir un poco.

5. Destapar y espolvorear con la harina, dejar dorar un poco y añadir agua caliente hasta cubrirlo todo.

6. Dejar cocer unos momentos a fuego rápido y luego tapar la cazuela y dejar cocer lentamente, sin interrupción.

7. Pelar las patatas y las cebollitas, hervir 5 minutos; luego, saltearlas en la sartén.

8. Cuando esté medio cocida la carne, pasarla trozo a trozo a otra cazuela también de barro, pasar la salsa por el colador chino y verterla por encima de la carne; añadir las cebollitas y las patatas.

9. Vigilar que la salsa cubra totalmente la carne; si es necesario, añadir un poco de caldo.

10. Dejar cocer lentamente hasta que la carne esté tierna.

11. Rectificar de sal.

12. Servir bien caliente en la misma cazuela, espolvoreado con perejil picado.

Gulyas húngaro

Ingredientes para 4 personas:

❖ 500 g de carne de buey ❖ 2 cebollas ❖ 500 g de pimientos amarillos o verdes ❖ 300 g de tomates maduros ❖ 100 g de manteca de cerdo ❖ 1 cucharadita de pimentón dulce ❖ sal

Preparación

1. Lavar la carne, secarla y cortarla en dados, lo mismo que la cebolla picada.

2. Derretir la manteca en una sartén y freír la cebolla sin que tome color, removiendo sin parar. Agregar el pimentón y la carne. Mantenerlo durante 1 hora a fuego lento y, si se evapora el líquido, echar agua.

3. Cortar los pimientos en cuartos, quitarles las pepitas, lavarlos y cortarlos en tiras.

4. Escaldar los tomates, quitarles la piel y cortarlos a cuartos.

5. Añadir los pimientos y los tomates a la carne y dejar a fuego lento 20 minutos.

6. Sazonar y servir caliente.

Filetes rusos a la menta

Ingredientes para 4 personas:

❖ 1/2 kg de carne picada mezclada con 100 g de tocino ❖ 1 huevo ❖ 3 cucharadas de pan rallado ❖ orégano ❖ ajo picado ❖ un trozo de cebolla picada ❖ vino blanco ❖ harina ❖ sal ❖ un ramillete de menta fresca

Preparación

1. Para empezar con la preparación de este plato habría que machacar unas 20 hojas de menta fresca.

2. Mezclar muy bien en una fuente la carne y el tocino picados, la cebolla picada, la menta, el ajo y el orégano machacados y el pan rallado.

3. A continuación añadir el huevo a la mezcla, un chorrito de vino blanco y sazonar. Remover de nuevo y dejar reposar.

4. Hacer albóndigas con la carne, aplastarlas y rebozarlas en harina.

5. Freír los filetes en una sartén, de modo que queden dorados.

6. Servir calientes, adornados con menta fresca.

Carne hervida de buey a la vienesa

Ingredientes para 4 personas:

❖ *1 kg de carne de buey* ❖ *500 g de huesos para sopa* ❖ *1 puerro* ❖ *1 zanahoria* ❖ *1/2 apio* ❖ *1 cebolla* ❖ *6 granos de pimienta blanca* ❖ *sal*

Preparación

1. Lavar la carne y los huesos.

2. A continuación poner a hervir los huesos en 2 litros de agua.

3. Cortar el tallo y las hojas verdes del puerro. Picar el apio, la zanahoria pelada y la cebolla.

4. Agregar al agua con los huesos la carne, las verduras y los granos de pimienta blanca. Llevar a ebullición, tapar la cacerola y bajar el fuego.

5. Cocer durante 2 1/2 horas, espumando el caldo durante la primera hora de cocción.

6. Cuando la carne esté tierna, disponer en una fuente precalentada, cortar en rodajas gruesas y verter por encima el caldo de cocción.

7. Servir caliente.

Carne con salsa de crema

Ingredientes para 4 personas:

❖ 1 kg de redondo de cebón ❖ 50 g de champiñones ❖ 1 yogur o 150 g de nata líquida ❖ 1 cucharada de zumo de limón ❖ 2 cebollas ❖ 6 zanahorias ❖ 2 tallos de apio ❖ 3 vasitos de caldo ❖ 1 hoja de laurel ❖ sal ❖ pimienta ❖ perejil para adornar

Preparación

1. Precalentar el horno.

2. Colocar el redondo en una fuente para horno con las cebollas picadas, la hoja de laurel, las zanahorias troceadas y el apio. Salpimentar e incorporar el caldo.

3. Introducir en el horno a temperatura media durante 2 horas, vigilando que no falte el caldo y dándole la vuelta de vez en cuando, para que se haga por todos los lados.

4. Una vez hecha la carne, cortarla en rodajas y reservar al calor.

5. Poner el caldo que ha sobrado en una cacerola y cocer en él los champiñones durante 10 minutos.

6. Añadir la nata líquida y el zumo de limón y calentar.

7. Finalmente poner las verduras alrededor de la carne en rodajas, incorporar la salsa con los champiñones y servir caliente.

Filetes de lomo con setas

Ingredientes para 6 personas:

❖ *6 filetes de lomo bajo de añojo* ❖ *1 kg de setas* ❖ *6 cucharadas de aceite* ❖ *50 g de mantequilla* ❖ *1 cucharada de zumo de limón* ❖ *2 cucharadas de chalota picada* ❖ *2 cucharadas de perejil picado* ❖ *una pizca de pimienta blanca* ❖ *sal*

Preparación

1. Cortar los rabos de las setas, lavarlas y ponerlas sobre un paño.
2. Batir la mantequilla con la pimienta, el zumo de 1 limón y 1 cucharada de perejil picado. Meter la mezcla en la nevera para que se quede dura.
3. A continuación poner aceite en una sartén a fuego fuerte y freír los filetes 2 minutos por cada lado. Sazonarlos y reservarlos al calor.
4. Con el aceite de freír los filetes, dorar la chalota picada.
5. Saltear las setas y aderezar con sal y perejil
6. Disponer los filetes y las setas en una fuente, untar la carne con la mezcla que habíamos guardado en la nevera y servir enseguida.

Chateaubriand al horno

Ingredientes para 4 personas:

❖ *1 kg de solomillo de buey o de vaca* ❖ *50 g de mantequilla* ❖ *2 rodajas de cebolla* ❖ *1 vaso de vino blanco* ❖ *1 vasito de caldo de carne* ❖ *5 cucharadas de aceite* ❖ *4 rebanadas de pan de molde* ❖ *8 granos de pimienta negra* ❖ *sal gorda*

Preparación

1. Para empezar la preparación de este plato habría que dorar el solomillo en una sartén con aceite, dejándolo 5 minutos por cada lado.

2. Colocarlos en un recipiente para horno y espolvorearlos con sal y pimienta, previamente machacada. Añadir las dos rodajas de cebolla, la mantequilla, el caldo y el vino blanco y hornear a fuego bajo.

3. Freír las rebanadas de pan de molde del tamaño del solomillo.

4. Servir la carne sobre las rebanadas de pan acompañadas de la salsa de la cocción, previamente colada.

Filete de buey Stroganoff con setas

Ingredientes para 2 personas:

❖ 500 g de filete de buey ❖ 125 g de crema de leche ❖ 3 cucharadas de aceite ❖ 2 cebollas pequeñas ❖ 1 pepinillo ❖ 1 cucharada de mantequilla ❖ 1/2 vasito de vino blanco ❖ 150 g de setas ❖ 1 cucharadita de mostaza picante ❖ sal ❖ pimienta negra recién molida

Preparación

1. Secar el filete y cortarlo en tiras gruesas y cortas. Calentar aceite en una sartén y freír la carne con rapidez, de manera que por dentro quede rosada. Sacar la carne de la sartén y reservarla al calor.

2. Enseguida pelar las cebollas y cortarlas en dados. Lavar las setas.

3. Añadir la mantequilla al aceite de la sartén y calentarla. Freír las cebollas sin que tomen mucho color. Añadir las setas y dorarlas. Incorporar el vino.

4. Cortar el pepinillo en tiras finas. Mezclar la crema de leche con la mostaza, agregar las setas y darles un hervor. Salpimentar.

5. Poner la carne en una fuente bañada con la salsa y servir bien caliente.

Este plato ruso suele acompañarse de un buen vino blanco.

Chuletón a las hierbas

Ingredientes para 2 personas:

❖ *2 chuletones de lomo de buey* ❖ *romero* ❖ *tomillo* ❖ *aceite de oliva* ❖ *sal* ❖ *pimienta*

Preparación

1. Sazonar los chuletones con la sal, la pimienta, el tomillo y el romero.
2. Machacar un poco la carne para que las hierbas queden bien impregnadas.
3. Con la ayuda de un pincel, pintar los chuletones con aceite crudo de oliva.
4. Asar la carne al horno durante 6 minutos por cada lado.
5. Finalmente servir calientes, solos o con una guarnición de verduras.

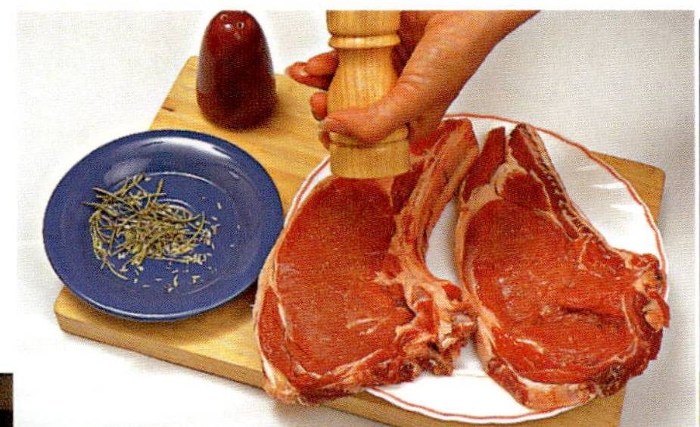

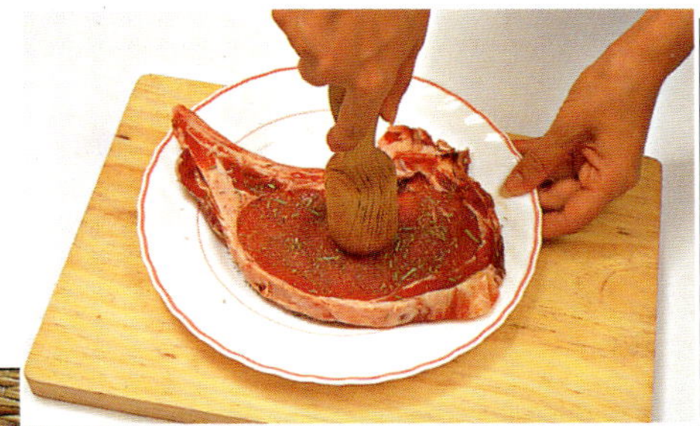

Entrecot al roquefort

Ingredientes para 1 persona:

❖ *entrecot* ❖ *25 g de queso roquefort* ❖ *25 g de mantequilla* ❖ *2 chalotas picadas* ❖ *1 vasito de vino de Málaga* ❖ *1 cucharada de aceite* ❖ *3 cucharadas de jugo de carne* ❖ *sal* ❖ *pimienta* ❖ *perejil*

Preparación

1. En una sartén calentar la mantequilla y el aceite. Salpimentar el entrecot y dorarlo hasta que quede al gusto.

2. Retirar la carne de la sartén y reservar al calor.

3. Poner la chalota picada en la sartén y, cuando se haya dorado, regarla con el vino de Málaga y el jugo de carne.

4. A continuación habría que dar un hervor a la mezcla y diluir en ella el queso roquefort, que habremos aplastado previamente con un tenedor. Batir bien para que ligue y rectificar de sal.

5. Enseguida cubrir el entrecot con esta salsa que, en caso de haber quedado demasiado fuerte, se puede rebajar con caldo.

6. Servir enseguida.

Ragú de carne de buey a la borgoñesa

Ingredientes para 4 personas:

❖ *1 kg de carne de buey* ❖ *100 g de bacon* ❖ *250 g de setas* ❖ *1 l de vino tinto* ❖ *1 vasito de brandy* ❖ *2 cebollas grandes* ❖ *12 cebollas pequeñas* ❖ *2 zanahorias* ❖ *1 diente de ajo* ❖ *1 ramillete de hierbas (laurel, tomillo, peejil)* ❖ *2 cucharadas de mantequilla* ❖ *1 cucharada de aceite* ❖ *1 cucharada de harina* ❖ *sal* ❖ *pimienta negra recién molida*

Preparación

1. Secar la carne y cortarla en dados.

2. Pelar las cebollas y cortarlas en rodajas.

3. Poner la carne en un recipiente, cubrirla con el vino, incorporar las finas hierbas, las cebollas en rodajas y el ajo y dejarlo en adobo 12 horas.

4. Cortar el bacon y freírlo en mantequilla sin que tome color. Añadir las cebollas pequeñas y dorarlas, sin dejar de remover. Sacar el bacon y las cebollas y escurrir muy bien.

5. Poner la carne en un colador, recoger el líquido del adobo y secar la carne. Ponerla en una cazuela con el aceite caliente. Pelar las zanahorias, cortarlas en dados y freírlas a fuego vivo junto con la carne. Espolvorear con harina y pimienta y rehogar todo un poco. Añadir el adobo y las hierbas, calentar todo e incorporar el resto del vino.

6. Tapar la cazuela y dejar cocer durante 3 1/2 horas, aproximadamente.

7. Limpiar las setas y dorarlas en mantequilla hasta que no quede líquido. Incorporar las setas, las cebollas y los dados de bacon a la carne. Dejarlo estofar, tapado, unos 20 minutos. Regar con el brandy, previamente calentado, y flambear.

8. Servir caliente.

Carne de buey con curry a la hindú

Ingredientes para 4 personas:

❖ 1/2 kg de carne de buey ❖ 1 cebolla ❖ 2 dientes de ajo ❖ 1/4 de l de agua ❖ 2 cucharaditas de sal ❖ 2 cucharaditas de cilantro en polvo ❖ 1/2 cucharadita de cúrcuma ❖ 1/2 cucharadita de pimienta negra recién molida ❖ 1 cucharada de leche ❖ 1 cucharadita de chile en polvo ❖ 1 cucharadita de raíz de jengibre recién picada ❖ 8 cucharadas de aceite ❖ canela en polvo ❖ clavo en polvo ❖ cilantro fresco picado

Preparación

1. Secar la carne y cortarla en dados.
2. Mezclar todas las especias con 4 cucharadas de aceite y amasar hasta conseguir una crema.
3. Mezclar los dados de carne con el curry que se ha preparado y dejar en adobo durante 12 horas.
4. Cortar en rodajas la cebolla y picar el ajo.
5. Poner a calentar el resto del aceite y dorar en él la cebolla y el ajo.
6. Añadir la carne adobada y rehogarla unos minutos. Agregar el 1/4 de l de agua.
7. Tapar y dejar a fuego moderado durante 45 minutos. Sazonar con una pizca de canela y el clavo en polvo. Si queda demasiado espesa la salsa, incorporar más agua.
8. Servir caliente.

Carne en libro

Ingredientes para 4 personas:

❖ 600 g de carne de filetes en una pieza ❖ 3 yemas de huevo duro ❖ 600 dl de leche ❖ 100 g de nata ❖ 50 g de almendras peladas, tostadas y picadas ❖ 150 g de jamón serrano picado ❖ 2 cucharadas de pan rallado ❖ aceite ❖ harina ❖ pimienta negra ❖ sal

Preparación

1. Cortar la carne como si se fueran a hacer filetes, pero sin terminar de cortarla, de modo que parezcan las hojas de un libro.

2. Mezclar la nata, el jamón serrano picado, las almendras picadas y las yemas de huevo duro, hasta hacer una pasta.

3. Dividir la pasta en tantas partes como filetes hayan. Rellenar los filetes con ella, enrollarlos, apretarlos y atarlos para que no se salga el relleno.

4. Enseguida rebozar la carne en harina y dorarla en abundante aceite.

5. Colocarla en una fuente para horno y verter por encima el aceite empleado en dorar la carne.

6. Verter por encima la leche caliente y espolvorear con pimienta negra, sal y pan rallado.

7. Hornear e ir regando la carne con su propio jugo hasta que se reblandezca.

8. Servir bien caliente y en lonchas gruesas.

Filetes Wellington

Ingredientes para 4 personas:

❖ 1 kg de filete de buey ❖ 300 g de hojaldre congelado
❖ 50 g de mantequilla ❖ 1 yema de huevo para pincelar
❖ sal ❖ pimienta negra recién molida

Para el relleno:

❖ 100 g de bacon ❖ 1 cebolla
❖ 150 g de setas o de champiñones ❖ 50 g de mantequilla
❖ 1 cucharada de perejil picado

Preparación

1. Descongelar el hojaldre durante 20 minutos.

2. Precalentar el horno a 250 °C.

3. Lavar la carne, secarla y espolvorearla con sal y pimienta.

4. Calentar la mantequilla en una cazuela y freír el filete por ambos lados. Poner la cazuela a una altura media en el horno y asar el filete durante 30 minutos, bañándolo de vez en cuando con el jugo de la cocción. El filete debe quedar rojo por dentro. Dejarlo enfriar un poco y bajar la temperatura del horno a 220 °C.

5. Para el relleno, cortar el bacon y la cebolla en dados pequeños y picar finamente las setas o los champiñones.

6. Calentar la mantequilla en una sartén y dorar el bacon, la cebolla, las setas o champiñones y el perejil. Dejar enfriar.

7. Extender el hojaldre y darle la forma de un rectángulo. Untarlo con el relleno y colocar el filete encima, justo en medio. Envolver la carne con el hojaldre, apretar los bordes y pincelar el hojaldre con la yema de huevo batida.

8. Poner el filete envuelto en una bandeja para horno, mojada previamente con agua fría, y hornearlo durante 35 minutos hasta que el hojaldre esté dorado.

9. Puede servirse caliente o frío.

Estofado de buey a la napolitana

Ingredientes para 4 personas:

❖ 1 kg de carne de buey ❖ 1 cebolla ❖ 2 dientes de ajo ❖ 1 hoja de laurel ❖ 1 clavo de especia ❖ unos granos de pimienta ❖ 1 rama de perejil ❖ salsa de tomate ❖ 1/2 l de vino tinto ❖ 100 g de tocino ❖ 400 g de cebollitas ❖ caldo ❖ harina ❖ aceite

Preparación

1. Preparar un adobo con dos cucharadas de cebolla picada, un diente de ajo picado, unos granos de pimienta, el clavo machacado, el laurel, la rama de perejil y dos cucharadas de aceite.

2. Cortar la carne en trozos y meterla en el adobo durante 24 horas, bien tapada y guardada en lugar fresco.

3. Pasado este tiempo, rehogar los trozos de carne en una sartén, con un poco de aceite y sin limpiarle el adobo.

4. Una vez rehogada, espolvorear con una cucharada de harina, echar agua y caldo en la misma cantidad, un vasito de salsa de tomate y medio litro de vino tinto.

5. Sazonar y dejar cocer durante media hora.

6. Pasar los trozos de carne a una cazuela, sacudiéndolos esta vez para que no queden restos de adobo.

7. Colar la salsa de la carne por un colador fino y ponerla junto a la carne, dejando que todo cueza de nuevo.

8. Añadir a la cazuela la guarnición, consistente en cebollitas pequeñas peladas y sofritas y tocino cortado en cuadritos y frito en una sartén. Tapar la cazuela y dejar cocer a fuego lento, hasta que la carne esté blanda. Se ha de procurar que no se consuma toda la salsa, añadiendo agua si fuese necesario.

9. Servir la carne con la guarnición todo regado con la salsa.

Entrecot «café de París»

Ingredientes para 4 personas:

❖ 4 entrecots ❖ 1/2 kg de patatas ❖ unas cucharadas de nata líquida ❖ aceite ❖ sal

Para la mantequilla compuesta:

❖ 1 kg de mantequilla ❖ 60 g de ketchup ❖ 25 g de mostaza ❖ 25 g de alcaparras ❖ 125 g de chalotas ❖ perejil ❖ mejorana ❖ eneldo ❖ tomillo ❖ romero ❖ el zumo de 1 limón ❖ el zumo de 1 naranja ❖ 10 hojas de estragón ❖ 1 diente de ajo ❖ 8 filetes de anchoa ❖ sal ❖ 1/2 cucharadita de curry ❖ 2 cucharadas de salsa Perrins ❖ 1 cucharada de brandy ❖ 1 cucharada de Oporto ❖ 1/2 cucharada de paprika ❖ 1/4 de piel de limón ❖ 1/4 de piel de naranja

Preparación

1. Cortar las patatas y freírlas en aceite o manteca. Reservarlas al calor.

2. Sazonar los entrecots y dorarlos en aceite por los dos lados.

3. Para realizar la mantequilla compuesta, reunir todos los ingredientes menos la mantequilla y picarlo todo muy finamente. Dejar macerar durante 24 horas. Pasado este tiempo, triturarlo y pasarlo por el chino. Mezclar la crema resultante con la mantequilla y dejar enfriar, hasta que adquiera consistencia.

4. Una vez realizada la mantequilla compuesta, hacer la salsa «café de París» fundiendo un trozo de la mantequilla compuesta en una sartén y ligándola con la nata líquida.

5. Servir los entrecots cubiertos con la salsa y acompañados de las patatas fritas.

Potaje francés (pot au feu)

Ingredientes para 8 personas:

❖ 750 g de medallones de morcillo de buey
❖ 1 kg de pecho, de contra o de cadera de buey
❖ 1 gallina (o pollo) de 1 1/2 kg para caldo ❖ 2 huesos para el caldo
❖ 3 huesos con médula cortados en tres trozos ❖ 2 cebollas
❖ 1 tomate ❖ 4 puerros ❖ 3 zanahorias ❖ 1 col pequeña ❖ 1 apio
❖ 3 nabos ❖ 1 diente de ajo ❖ 2 clavos de especia
❖ 8 rebanadas de pan blanco ❖ 40 g de sal ❖ unos granos de pimienta
❖ patatas ❖ 1 ramillete de hierbas finas (tomillo, laurel, perejil)

Preparación

1. En una olla grande poner los medallones de morcillo de buey, previamente lavados, y los huesos para el caldo. Añadir 4 litros de agua, la pimienta y las hierbas finas.

2. Tostar una cebolla sin pelar en el horno, hasta que se ponga marrón. Pelar otra cebolla y machacarla junto a los clavos de especia. Poner las cebollas, los tomates y el ajo (sin pelar) en la olla, y llevar a ebullición.

3. Retirar la espuma del caldo de cocción. Salar y añadir la carne de buey lavada. Cubrir con una tapadera, pero dejando un resquicio abierto. Al cabo de 2 horas de cocción, añadir la gallina lavada.

4. Cortar los extremos y las hojas de los puerros, lavarlos y atarlos. Pelar las zanahorias y los nabos en trozos grandes y el apio en cuatro trozos. Incorporarlo todo al caldo después de 3 horas de cocción.

5. Quitar un poco de caldo grasiento y ponerlo en otra cazuela. Quitar las hojas secas de col y el tronco duro. Hervir en la cazuela la col durante 30 minutos hasta que esté blanda. Partir las patatas peladas por la mitad y hervirlas también en el caldo durante 20 minutos.

6. Envolver los huesos con médula en un paño, atarlos y meterlos en el caldo durante los últimos 20 minutos.

7. Sacar la carne y la verdura con la espumadera y mantenerlas calientes. Pasar el caldo por un colador, desengrasarlo y hervirlo hasta que espese un poco.

8. Tostar las rebanadas de pan blanco en el horno. Cuando todavía estén calientes, untarlas con la médula de los huesos y sazonarlas. Servirlas con el caldo caliente.

9. Cortar la carne de buey contra fibra y en lonchas. Trocear la gallina en raciones. Colocar la verdura alrededor de la carne en una fuente grande y servir caliente.

Chuletas de buey a la bilbaína

Ingredientes para 6 personas:

❖ 6 chuletas de buey cebón, del lomo alto ❖ 6 pimientos rojos grandes ❖ 200 g de pan rallado ❖ 3 limones ❖ 3 dl de aceite de oliva ❖ 6 dientes de ajo ❖ 3 hojas de laurel ❖ perejil ❖ sal ❖ pimienta

Preparación

1. Las chuletas deben tener como un dedo de grueso, pulirlas un poco de la grasa sobrante, y ponerlas a macerar en una fuente un poco honda con 1 hoja de laurel encima de cada chuleta; rociarlas con el zumo de los limones y aceite; dejarlas así unas 4 horas.

2. A las 2 horas, darles la vuelta y volver a poner la hoja de laurel, encima de cada chuleta.

3. Mientras, cortar los pimientos de arriba abajo, quitarles las semillas, partirlos en 4 trozos y freírlos en aceite, salpimentarlos.

4. Pasado el tiempo de la maceración, y cuando vayamos a tomar las chuletas, escurrirlas, salpimentarlas, empanarlas con el pan rallado.

5. Asarlas a la parrilla, bien caliente, rociándolas de vez en cuando con el aceite que ha quedado de la maceración; a medio asar, darles la vuelta y dejar hacer por el otro lado, esparcir por encima ajo y perejil picados. Dejarlas poco hechas.

6. Colocarlas en una fuente rodeadas con los pimientos fritos y rodajas de limón.

7. Servir bien caliente.

Rabo de toro estofado

Ingredientes para 6 personas:

❖ 2 kg de rabo de toro ❖ 6 cebollas ❖ 3 zanahorias ❖ 4 dientes de ajo ❖ 2 puerros ❖ tomillo ❖ perejil ❖ 1 hoja de laurel ❖ pimienta molida ❖ nuez moscada ❖ 1 clavo de especia ❖ 1 vaso de vino blanco ❖ 1 vaso de vino tinto ❖ caldo ❖ 2 cucharadas de vinagre ❖ aceite ❖ sal

Preparación

1. Trocear el rabo de toro.

2. Pelar y triturar las cebollas, las zanahorias y los dientes de ajo.

3. Atar los puerros, el perejil, el tomillo y la hoja de laurel.

4. En una cazuela de barro con aceite caliente, rehogar los trozos de rabo, las verduras, las hierbas, pimienta molida, sal, nuez moscada y 1 clavo de especia.

5. Enseguida mezclar bien los ingredientes durante unos minutos, rociando con el vino, el vinagre y caldo hasta cubrir.

6. Dejar la cazuela sobre fuego lento hasta que el rabo esté tierno.

7. Rectificar de sal.

8. Finalmente disponerlo en una fuente para servir y recubrirlo con la salsa y los ingredientes cuidadosamente pasados por el chino.

Goulash

Ingredientes para 4 personas:

❖ 800 g de carne de vaca ❖ 500 g de patatas ❖ 200 g de cebollas ❖ 100 g de mantequilla ❖ 20 g de paprika ❖ 1 dl de agua ❖ 2 1/2 dl de crema de leche

Preparación

1. Cortar en trozos medianos la carne de vaca y añadirle, si se desea, unos trozos de corazón.

2. A continuación pelar y picar fina la cebolla y ponerla en una cazuela junto con la carne, la paprika, la mantequilla y el agua; tapar y hacer hervir a fuego suave durante 2 horas.

3. Cocer las patatas al vapor.

4. Añadir la crema de leche antes de servir, acompañando con patatas cocidas al vapor.

Sukiyaki

Ingredientes para 6 personas:

❖ 600 g de carne de buey ❖ 100 g de cebollas ❖ 150 g de brotes de bambú ❖ 150 g de champiñones ❖ una rama de apio ❖ 50 g de manteca de cerdo ❖ 6 cucharadas soperas de salsa de soja ❖ 6 huevos ❖ 1/2 dl de sake ❖ sal ❖ perejil

Preparación

1. Para comenzar con esta preparación habría que pelar las cebollas, picarlas finas y, en una sartén grande, dorarlas en manteca derretida.

2. Cortar la carne de buey en trocitos y añadirla a la sartén; rehogarla, añadir la salsa de soja, el sake, el perejil picado fino y salar.

3. A continuación lavar los champiñones, quitarles la base arenosa del tronco y cortarlos en laminillas; cortar el apio en trocitos.

4. Despejar el centro de la sartén y poner en él los brotes de bambú, el apio y los champiñones; pasados 10 minutos, se puede mezclar con el resto de la preparación.

5. Servir caliente.

6. Cada comensal debe tener un bol con un huevo crudo en el que mojará cada bocado antes de ingerirlo.

Lengua en salsa

Ingredientes para 4 personas:

❖ 1 lengua de vaca cocida y despellejada ❖ 2 huevos duros ❖ 1 cebolla grande ❖ 1 diente de ajo ❖ perejil ❖ vinagre ❖ la miga de 2 rebanadas de pan ❖ aceite ❖ sal ❖ pimienta molida

Preparación

1. Pelar y picar la cebolla.

2. Trinchar finamente el perejil.

3. Poner la miga de pan en remojo con vinagre.

4. Pelar los huevos duros y cortarlos en cuartos a lo largo.

5. En una cazuela con aceite caliente, freír la cebolla junto con la lengua.

6. En un mortero, machacar el diente de ajo, la miga de pan en vinagre bien escurrida y rociar con un poco de caldo de la cocción de la lengua.

7. Verter la mezcla anterior en la cazuela con la lengua y espolvorear con un poco de sal, pimienta y el perejil picado.

8. Dejar la cazuela a fuego lento hasta que la lengua quede en su punto.

9. Servir la lengua cortada en rodajas con la salsa colada y adornada con huevo duro.

Steak tartar

Ingredientes para 4 personas:

❖ 800 g de solomillo de buey picado ❖ 4 yemas de huevo ❖ 1 cucharada de brandy ❖ una ramita de perejil ❖ una pizca de estragón ❖ 50 g de pepinillos en vinagre ❖ 50 g de cebollitas en vinagre ❖ sal ❖ pimienta negra

Preparación

1. Poner y mezclar en un recipiente la carne picada, el perejil y el estragón (finamente picados), la pimienta y el brandy, y salar.

2. Dejar reposar este preparado 24 horas en lugar fresco.

3. Picar las cebollitas y los pepinillos y mezclarlos con la carne.

4. Repartir la carne en cuatro platos, hacer un pequeño hueco en cada steak y echar en él la yema de huevo.

5. Servir.

Filetes empanados al limón

Ingredientes para 4 personas:

❖ *8 filetes cortados finos* ❖ *1 huevo* ❖ *el zumo de 1 limón* ❖ *8 rodajas de limón*
❖ *3 cucharadas de harina* ❖ *pan rallado* ❖ *aceite* ❖ *sal*

Preparación

1. Machacar los filetes, quitarles los nervios y hacerles unos cortes en los bordes. Sazonar.

2. Rebozar los filetes en harina, en el huevo batido con un poco de sal y en el pan rallado, por este orden.

3. Freírlos en una sartén con aceite muy caliente, pero con cuidado de que no se quemen.

4. Escurrir la grasa y disponer los filetes en una fuente. Regarlos con el zumo de limón, justo antes de servirlos.

5. Servir adornando con unas rodajas de limón.

Vaca y pimiento al curry

Ingredientes para 6 personas:

❖ 250 g de filetes de vaca ❖ 6 pimientos finos ❖ 1 bambú ❖ 2 cucharadas de salsa de soja ❖ 1 cucharada de maicena ❖ 5 cucharadas de aceite ❖ curry ❖ sal

Preparación

1. Cortar los filetes en tiritas, los pimientos y el bambú en paja.
2. Sazonar los trozos de carne con salsa de soja y rebozar en la maicena.
3. Calentar 3 cucharadas de aceite en una sartén, saltear la carne y sacar a un plato aparte.
4. Añadir 2 cucharadas de aceite, echar el bambú y los pimientos. Agregar la carne y rectificar de sal y añadir una cucharada de curry.

Estofado de buey a la francesa

Ingredientes para 8 personas:

❖ 1 kg de carne de buey para estofado ❖ 100 g de bacon
❖ 1/2 l de vino blanco seco ❖ 50 g de mantequilla ❖ 1/2 kg de zanahorias
❖ 18 cebollas, una de ellas mechada con clavos de especia
❖ 1/4 de l de caldo de carne ❖ 1 vaso de brandy
❖ una pizca de jengibre en polvo ❖ una pizca de nuez moscada
❖ 1 ramillete de finas hierbas (1 ramita de tomillo, 1 hojita de laurel, 3 ramitas de perejil) ❖ 1 trozo de corteza de tocino
❖ mantequilla ❖ sal

Preparación

1. Cortar el bacon en tiras, mojarlo con dos cucharadas de brandy y pasarlo por una mezcla de pimienta, jengibre y nuez moscada. Dejarlo en adobo durante 30 minutos.

2. Mechar la carne con las tiras de bacon. Espolvorear con sal y pimienta. Ponerla en un cuenco y verter el resto del brandy y el vino. Incorporar las finas hierbas y dejarlo en adobo durante 12 horas.

3. Hervir la corteza de tocino y dejar enfriar.

4. Secar la carne y freírla en una cazuela con aceite. Añadir la corteza de tocino, una zanahoria pelada y la cebolla mechada con los clavos. Bañar con el adobo y el caldo de carne.

5. Cocer con la tapa puesta y dejar que hierva durante 2 horas a fuego lento (también puede hacerse al horno a temperatura media).

6. Cortar las zanahorias en rodajas gruesas. Pelar las cebollas y rehogarlas en un poco de mantequilla.

7. Sacar la carne de la cazuela y cortarla en tacos, así como la corteza de tocino.

8. Pasar la salsa por un colador y, si queda espesa, echarle un vaso de vino.

9. Poner la carne, las zanahorias en rodajas, las cebollas, la corteza de tocino y la salsa, en la cazuela. Dejarlo cocer durante 1 hora, bien tapado y a fuego lento.

10. Dejar reposar un poco la carne y cortarla en rodajas. Desgrasar la salsa y rectificar de sal.

11. Poner la carne en una bandeja precalentada, echar la salsa por encima y servir, acompañado por los dados de corteza de tocino.

Carbonara flamenca

Ingredientes para 6 personas:

❖ 1 1/2 kg de filetes de vaca ❖ 150 g de mantequilla ❖ 3 zanahorias grandes ❖ 3 cebollas grandes ❖ 4 dientes de ajo ❖ 2 dl de cerveza (si es posible, de Diest) ❖ 1/2 l de caldo de carne ❖ un poco de tomillo ❖ 1 hoja de laurel ❖ pimienta negra ❖ sal

Preparación

1. En una sartén, calentar la mantequilla y rehogar en ella los filetes.

2. Una vez rehogados, pasar los filetes a una cacerola de fondo plano.

3. En la misma sartén, rehogar un picadillo con la zanahoria y la cebolla.

4. Disponer el picadillo sobre cada filete en la cacerola. Mojar todo con la cerveza y el caldo, salpimentar e incorporar el laurel, el tomillo y los ajos, previamente aplastados.

5. Tapar la cacerola, meterla en el horno a temperatura media y dejar cocer durante 1 hora y media.

6. Transcurrido este tiempo, quitarle la grasa que sobre y quedará listo para servir.

Carne en terrina

Ingredientes para 4 personas:

❖ 250 g de carne de buey en filetes finos y pequeños ❖ 600 g de patatas ❖ 2 cebollas ❖ 2 dientes de ajo ❖ 2 hojas de laurel ❖ 1 vaso de vino blanco ❖ 1 clavo de especia ❖ 4 granos de pimienta negra ❖ una pizca de enebro ❖ tomillo ❖ mantequilla ❖ sal

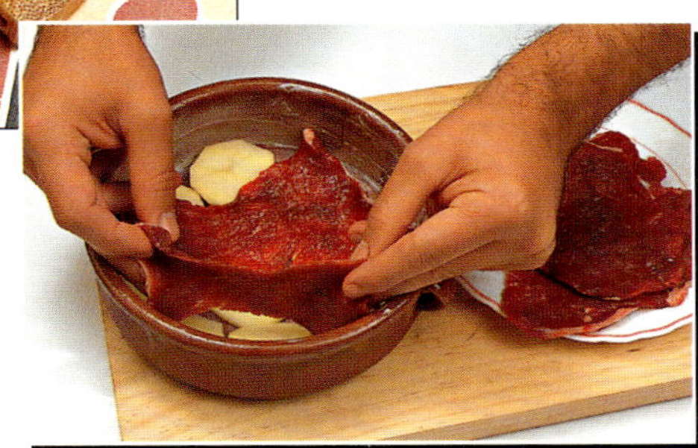

Preparación

1. Cortar las cebollas y las patatas, previamente peladas, en rodajas gruesas.

2. Quitar los nervios de la carne y machacar los filetes para que queden aun más finos.

3. A continuación untar con mantequilla una cazuela de barro.

4. Colocar las rodajas de patatas cubriendo el fondo de la cazuela, sazonar y espolvorear con ajo machacado y con las hierbas.

5. Poner encima la carne y las cebollas y repetir con las capas de patatas, especias y carne hasta que se termine todo.

6. Cubrir con laurel, lo que haya sobrado de las hierbas y el vino. Tapar la cazuela e introducir en el horno, al baño María, durante 2 horas y media.

7. Servir inmediatamente en la misma cazuela.

Tournedós gratinados

Ingredientes para 4 personas:

❖ *4 solomillos de buey o ternera de 125 g cada uno* ❖ *4 lonchas muy finas de tocino* ❖ *100 g de avellanas tostadas* ❖ *75 g de queso rallado* ❖ *40 g de mantequilla* ❖ *1 limón* ❖ *1/2 diente de ajo* ❖ *sal* ❖ *pimienta* ❖ *4 rebanadas delgadas de pan, del tamaño de la carne*

Preparación

1. Calentar el horno a unos 220 °C.

2. Retirar la piel dura del tocino; disponer una loncha alrededor de cada solomillo y sujetarla con un cordel fino. Colocar los solomillos envueltos en una fuente refractaria.

3. Rociar con zumo de medio limón; salpimentar.

4. Picar el ajo en un mortero junto con las avellanas. Mezclar la picada con la mantequilla reblandecida y el queso rallado. Sazonar y agregar el zumo de medio limón.

5. Cubrir la parte superior de los solomillos con la mitad del picadillo preparado.

6. Apagar el horno y encender el gratinador (fuerte si tiene más de una graduación). Introducir la fuente con la carne y dejar unos 6 minutos. Pasado este tiempo, dar la vuelta a los solomillos, cubrirlos con el resto del picadillo y gratinarlos otros 6 minutos.

7. Entre tanto, tostar las rebanadas de pan.

8. Al sacar la fuente del horno, colocar los tournedós sobre las tostadas de pan y servir inmediatamente.

Lengua a la maña

Ingredientes para 4 personas:

❖ 1 lengua de vaca ❖ 2 tomates maduros ❖ 1 cebolla ❖ 1 pimiento rojo ❖ 5 zanahorias ❖ 1 cabeza de ajos ❖ perejil ❖ tomillo ❖ 1 clavo de especia ❖ aceite ❖ sal

Preparación

1. En una cazuela con agua hirviendo, cocer la lengua durante 20 minutos.
2. A continuación habría que cocer a trozos el pimiento, pelar y picar la cebolla, triturar los tomates, picar finamente el perejil, pelar las zanahorias y machacar los ajos sin piel.
3. Retirar la lengua del fuego y limpiarla.
4. En una cazuela con aceite hirviendo, rehogar la lengua y agregar todas las verduras, el clavo de especia, el tomillo, el perejil y sal.
5. Dejar casi 2 horas la cazuela sobre fuego muy bajo.
6. Cuando la lengua esté en su punto, cortarla en rodajas finas.
7. Disponer estas rodajas en una fuente para servir, decorando con las zanahorias.
8. Pasar por un tamiz o triturador la salsa y rociar con ella las rodajas de lengua.

Rosbif con Yorkshire pudding

Ingredientes para 8 personas:

❖ 4 1/2 kg de costillar de buey ❖ 125 g de tocino graso ❖ 1 1/2 tazas de caldo de carne sin sal ❖ manteca de cerdo ❖ 2 cucharadas de harina ❖ sal fina ❖ pimienta molida

Para el Yorkshire pudding:

❖ 1 taza de harina tamizada ❖ 1 taza de leche ❖ 2 huevos ❖ sal ❖ pimienta molida ❖ nuez moscada

Preparación

Rosbif:

1. Salpimentar el costillar y atarlo; cortar el tocino en lonchas y cubrir con ellas el costillar.

2. Untar la asadera con manteca de cerdo, situar en ella el costillar y ponerlo en el horno a temperatura moderada, durante 1 hora y 20 minutos, aproximadamente, según se quiera más o menos jugoso.

3. Retirar el costillar, quitarle el hilo y dejarlo reposar unos 30 minutos antes de servir.

4. Escurrir la grasa del asado, añadirle el caldo de carne, una cucharada de manteca y dos de harina; cocer 5 minutos, pasarlo por un chino fino y corregir la sazón.

5. Servir de inmediato cortado en rodajas, acompañado con la salsa, o frío acompañado del Yorkshire pudding.

Yorkshire pudding:

1. Batir los huevos.

2. Mezclar la harina con la sal, la pimienta molida y la nuez moscada.

3. Añadirle los huevos batidos y la leche y mezclarlo bien todo.

4. Untar con la grasa restante de la asadera ocho moldes altos y estrechos y verter en ellos hasta casi la mitad la mezcla preparada.

5. Cocer en el horno unos 20 minutos.

Estofado de buey de Borgoña

Ingredientes para 8 personas:

❖ 2 kg de carne magra de buey del espinazo cortada en dados
❖ 1 hueso de ternera ❖ 1 corteza de cerdo fresca
❖ 150 g de jamón crudo en una loncha gruesa ❖ 250 g de tocino semisalado
❖ 1 kg de zanahorias ❖ 4 dientes de ajo chafados
❖ 4 cebollas ❖ 4 cucharadas de perejil picado
❖ 2 rebanadas de pan de payés seco ❖ 1 cubito de caldo de buey
❖ 1 ramita de tomillo ❖ 50 g de manteca de cerdo o mantequilla
❖ 2 cucharadas de aceite ❖ sal ❖ pimienta recién molida

Para la marinada:

❖ 750 ml de vino tinto de Borgoña ❖ 2 cucharadas de cava de buena calidad
❖ 1 cebolla picada con 2 clavos de especia
❖ 2 zanahorias peladas y cortadas en rodajas
❖ 1 cucharada de tomillo desmenuzado ❖ 1 hoja de laurel
❖ 1 cucharadita de pimienta negra en grano

Preparación

1. Espolvorear la carne con el tomillo y la sal. Mezclar y añadir los restantes ingredientes de la marinada, dejándolo macerar una noche.

2. Escurrir y enjuagar los trozos de carne.

3. En una cazuela, llevar a ebullición la marinada y sus ingredientes con el cubito de caldo de buey. Dejar cocer 20 minutos a fuego bajo.

4. Disponer la corteza de cerdo en una cocotte grande. En una sartén, calentar la manteca de cerdo o la mantequilla con el aceite, dorando rápidamente los trozos de carne, sin dejar de remover. A medida que vayan tomando color, pasarlos a la cocotte.

5. Precalentar el horno a 170 °C.

6. Pelar y picar las cebollas. Dorarlas en la grasa de la sartén y verterlas sobre la carne. Añadir a la cocotte el hueso de ternera, las zanahorias cortadas en rodajas, el ajo, el perejil, el jamón cortado en dados, el tocino, el tomillo y el pan desmenuzado.

7. Mojarlo con la marinada filtrada en caliente. Taparlo con una lámina de papel de aluminio y con la tapa. Cocer durante 3 1/2 horas.

8. Servir en la misma cocotte acompañado, si se desea, de castañas y patatas.

12% vol.

Rabo de buey con patatas

Ingredientes para 4 personas:

❖ *1 rabo de buey* ❖ *1 1/2 kg de patatas* ❖ *1 cebolla* ❖ *2 dientes de ajo* ❖ *2 dl de aceite* ❖ *1 vasito de vino blanco* ❖ *3 ramitas de perejil* ❖ *1 hoja de laurel* ❖ *1 cucharadita de pimentón* ❖ *sal*

Preparación

1. Pelar y picar el ajo; picar el perejil; pelar y trocear la cebolla.

2. Pelar y lavar bien las patatas; cortarlas en trozos de tamaño mediano.

3. Trocear pequeño el rabo de buey; sazonarlo con un poco de ajo picado y sal.

4. Calentar el aceite en una sartén a fuego suave y freír los trozos de rabo.

5. Cuando estén dorados, agregar la cebolla, el resto del ajo, el perejil picado, la cucharadita de pimentón, el vasito de vino blanco y agua; cocer hasta que estén tiernos.

6. Una vez cocidos, retirar del fuego y dejar reposar durante 1 día.

7. Pasado este tiempo, hervir los trozos de buey a fuego suave junto con las patatas troceadas; sazonar con sal y cocer hasta que las patatas estén tiernas.

8. Una vez cocido el rabo de buey con patatas, dejar reposar unos minutos y servir.

Rosbif

Ingredientes para 6 personas:

❖ 1 kg de buey para rosbif en un trozo (va bien entrecot deshuesado) ❖ 1/2 tacita de aceite de oliva ❖ el zumo de 2 limones ❖ 1 copa de jerez seco ❖ pimienta negra y blanca ❖ 3 dientes de ajo

Preparación

1. Macerar la carne durante unas horas con el zumo de limón, el jerez, los dientes de ajo, pelados y partidos por la mitad, y las especias.

2. Sacar la carne del adobo, secarla con un papel de cocina absorbente y atarla como si fuera un tajo redondo.

3. En una cacerola con aceite muy caliente, dorar la carne a fuego vivo durante unos 20-25 minutos; darle vuelta de vez en cuando para que se haga por igual. Salar a media cocción.

4. Ligar una salsa con el jugo de la maceración, un poco del aceite de freír y una pizca de fécula de maíz.

5. Cortar el rosbif a lonchas muy finas y servir frío o caliente, según se prefiera.

6. Ofrecer aparte la salsa caliente. (Hay quien prefiere el rosbif sin salsa.)

Buey estofado a la zamorana

Ingredientes para 4 personas:

❖ 800 g de carne de buey para estofado ❖ 500 g de guisantes ❖ 2 cebollas ❖ 2 zanahorias ❖ 3 dientes de ajo ❖ 1 nabo ❖ 1/2 l de aceite ❖ 2 vasos de agua ❖ 1 vasito de vino blanco seco ❖ 1 hoja de laurel ❖ 2 granos de pimienta negra ❖ sal

Preparación

1. Pelar y picar las cebollas; lavar y pelar las zanahorias; cortarlas en rodajas.

2. Pelar los dientes de ajo; pelar y picar el nabo.

3. Cortar la carne en trozos de tamaño regular; salarlos.

4. Calentar 4 dl de aceite en una cazuela a fuego suave; agregar la carne; rehogar 20 minutos; añadir las cebollas, las zanahorias, los dientes de ajo, el nabo, la hoja de laurel, la pimienta, el vasito de vino y un vaso de agua.

5. Tapar la cazuela y cocer 2 horas a fuego suave; pinchar la carne con la punta de un cuchillo para comprobar si está tierna.

6. Cuando la carne esté cocida, colocarla en una fuente.

7. Mientras tanto, verter el resto del agua en un cazo añadiéndole un chorrito de aceite y calentar a fuego suave; echar los guisantes en el cazo y hervir durante unos 20 minutos.

8. Escurrir los guisantes y distribuirlos alrededor de la carne; servir.

Carpaccio

Ingredientes para 2 personas:

❖ 250 g de solomillo de buey ❖ 40 g de queso de Parma ❖ 1/2 cucharadita de mostaza en polvo ❖ 1/2 cucharada de aceite ❖ 2 cucharadas de zumo de limón ❖ salsa Worcester ❖ sal ❖ pimienta ❖ perejil

Preparación

1. Primeramente pedir en la carnicería que corten el solomillo a tajaditas casi transparentes. Si se hace en casa resulta más fácil si se compra la carne en un trozo, se mete un rato en el congelador y se corta cuando haya adquirido una consistencia firme (sin llegar a endurecerse).

2. Poner la carne cortada en una fuente llana o repartirla directamente en dos platos. Salar y rociar con el zumo de limón.

3. Preparar el aliño con el aceite, la mostaza, un poco de pimienta y unas gotas de salsa Worcester. Verter sobre la carne, procurando que se reparta bien.

4. Dejar reposar la carne aliñada unos minutos para que se macere un poco y coja sabor.

5. Cortar el queso parmesano en juliana o a laminillas muy finas; distribuirlo sobre la carne.

6. En el momento de sacar el carpaccio a la mesa, espolvorearlo con perejil picado.

Costillas de vaca doradas

Ingredientes para 4 personas:

❖ 8 costillas de vaca ❖ 80 g de manteca de cerdo ❖ 750 g de patatas ❖ 1 rebanada de pan ❖ 1 cebolla ❖ 1 diente de ajo ❖ 4 ramitas de perejil ❖ 1 hoja de laurel ❖ 1 dl de aceite ❖ 2 l de agua ❖ sal

Preparación

1. Picar el perejil.

2. Pelar y trocear las patatas.

3. Pelar y picar el diente de ajo y la cebolla.

4. Salar y trocear las costillas; reservar.

5. Machacar la rebanada de pan.

6. Verter el aceite en una sartén y calentar a fuego suave; freír el pan machacado y reservar.

7. Poner la manteca de cerdo en una cazuela y calentar a fuego suave; agregar la carne y dorarla.

8. Añadir la cebolla, las patatas, el laurel, el diente de ajo y un poco de perejil; cubrir con agua y salar.

9. Agregar el pan frito machacado a las costillas y servir en una fuente.

Filetes de vaca con pimientos

Ingredientes para 4 personas:

❖ *4 filetes de vaca* ❖ *4 pimientos rojos* ❖ *4 dientes de ajo* ❖ *aceite de oliva* ❖ *cominos* ❖ *sal*

Preparación

1. Pelar los ajos y machacarlos en el mortero con una pizca de sal, añadiendo un chorrito de aceite y mezclándolo todo bien.

2. Untar con esta salsa los filetes por las dos caras. Calentar la parrilla y hacer los filetes tres minutos por cada lado.

3. Reservar caliente.

4. A continuación habría que precalentar el horno para asar los pimientos. Una vez asados, quitarles la piel y cortarlos en tiritas.

5. Añadirles una pizca de cominos y colocarlos en un plato de servir junto con la carne.

Buey al estilo de los Pirineos

Ingredientes para 4 personas:

❖ 1 jarrete de buey de 1,200 kg ❖ 100 g de manteca ❖ 4 tomates ❖ 1 cebolla grande ❖ 1 cabeza de ajo ❖ 1/2 copita de vino rancio ❖ 1/2 copita de aguardiente ❖ 2 clavos de especia ❖ canela ❖ sal ❖ pimienta

Preparación

1. Sazonar la carne con sal y pimienta y atarla con un bramante; ponerla en una cazuela al fuego.

2. Derretir en un cazo la manteca y bañar la carne con ella.

3. Cortar la cebolla y los tomates en trozos medianos y sofreírlos en la misma cazuela; unos minutos después agregar el vino rancio, el aguardiente, la corteza de canela, los clavos de especia y una taza de agua. Cubrir con un papel de aluminio y dejar cocer lentamente.

4. Cuando esté todo bien cocido, quitar el papel y el hilo de la carne; cortar ésta en rodajas y ponerla otra vez en la cazuela con la salsa.

5. Calentar unos minutos antes de servir.

Rabo de toro a la cordobesa

Ingredientes para 4 personas:

❖ *1 rabo de toro de 1 1/2 kg a trozos* ❖ *3 zanahorias* ❖ *1 cebolla* ❖ *1 tomate rojo* ❖ *2 puerros* ❖ *ajos* ❖ *estragón fresco* ❖ *laurel* ❖ *pimienta negra* ❖ *harina* ❖ *sal* ❖ *1 copa de brandy* ❖ *1 copa de vino blanco seco* ❖ *aceite de oliva* ❖ *caldo de carne*

Preparación

1. Lavar y trocear las verduras.

2. En una sartén rehogar la cebolla y el ajo. Esperar a que se ablanden y agregar los puerros y las zanahorias.

3. Pasar por harina los trozos de rabo y dorarlos en una cazuela con aceite. Añadir los tomates, salpimentar y agregar las verduras de la sartén, dejando cocer durante 10 minutos.

4. Enseguida, cuando la carne vaya tomando color, añadir el brandy y el vino blanco. Avivar el fuego para que se reduzca el licor.

5. Incorporar el caldo de carne, el laurel y el estragón y continuar la cocción alrededor de 3 horas. Retirar del fuego y pasar el caldo por un chino para conseguir una salsa bien fina.

6. Servir caliente acompañado, si se desea, de unas patatas asadas.

TERNERA

Una carne para platos finos

La ternera es la cría hembra de la vaca, y el macho es el ternero; pero desde el punto de vista culinario, tanto sea hembra o macho, a estas crías se las llama ternera. Las terneras, por norma general, se matan cuando tienen 2 años de vida, y su peso en canal viene a ser de unos 150 kg. La ternera lechal se mata a los 6 meses de vida del animal, y su carne presenta un color más blanco.

El color de la carne de la ternera de 2 años es rosa pálido; si la comparamos con la de buey o vaca, se puede apreciar que es más clara, aunque el valor nutritivo también varía, ya que la ternera contiene más agua. Por esto es aconsejable asarla al horno bajo y no rebasar nunca el punto en que la carne está algo cruda.

Aunque no sea tan nutritiva como la de buey o vaca, es más consumida porque tiene las fibras más finas y elásticas, con lo que resulta más tierna.

Por sus semejanzas con el buey y la vaca, la ternera puede prepararse con las mismas recetas; solamente hay que tener en cuenta que el tiempo de cocción debe ser inferior.

Generalmente se reserva para hacer frituras y asados, por ser la carne más tierna, aunque puede prepararse también guisada.

Valor nutritivo

La carne de vacuno constituye una de las principales fuentes de proteínas de que dispone el ser humano. Su consumo varía en función de las costumbres, pero ocupa un lugar privilegiado en la dieta de muchos países y es un capítulo importante en el presupuesto familiar. Los especialistas recomiendan, como norma de obligado cumplimiento en una dieta equilibrada, comer carne tres veces por semana.

Las proteínas de la carne son de buena calidad, ya que contienen ácidos aminados que contribuyen a su asimilación y producen la regeneración de los tejidos. Por ello la carne es considerada un alimento protector, por su capacidad para mantener y acentuar la vitalidad del organismo. Por término medio, la carne magra contiene entre el 20 y el 25 % de proteínas. La proteína de la carne sólo es superada, en lo referente a calidad, por la que proviene de la leche y los huevos.

En contra de lo que se pueda pensar, las carnes de los animales de más edad son más nutritivas que las de los ejemplares jóvenes. Esto se debe a que el contenido de aminoácidos esenciales aumenta con la edad del animal.

Un aspecto importante sobre el valor nutritivo de la carne es que queda modificado por los procesos de cocción. Las vitaminas son muy sensibles al calor, por lo que su contenido disminuye si la cocción es excesiva.

Así, si cocinamos carne a la brasa, el endurecimiento es más intenso cuanto más fuerte y larga sea la cocción. Por eso es conveniente evitar en lo posible las cocciones muy largas, así como salar la carne antes de ponerla al fuego.

Elección, consumo y conservación

La carne de ternera, para que sea buena, tiene que aparecer firme y apretada y con bastante grasa blanca.

El color de la carne depende fundamentalmente de la mioglobina que contenga. La mioglobina es un pigmento que lleva hierro y que cumple en el músculo la misma función que la hemoglobina en la sangre, es decir, transportar y almacenar el oxígeno necesario para el funcionamiento del tejido. En condiciones normales, el color

será rojo púrpura, aunque en el vacuno mayor, al contener gran cantidad de este pigmento, muestra un color rojo más oscuro. Puede ocurrir que al ponerse en contacto dos superficies de corte, esa zona adquiera un color castaño de aspecto algo desagradable. Pero esto no tiene nada que ver con la calidad de la carne y se debe únicamente a la falta de oxigenación provocada al haber reposado un pedazo cortado sobre otro.
El color de la grasa nos indica la edad del animal. Si es blanca, la pieza pertenece a uno joven y, por tanto, será más tierna. Si es amarillenta, pertenece a uno de mayor edad.
La masiva comercialización de la carne vacuna ha determinado que se clasifique según su calidad. Ésta en general depende de la raza, alimentación, peso y edad del animal, así como de las características de las distintas partes de la res. De acuerdo con este principio se tiene carne de primera calidad en el primer caso y carne de primera o de elección en el segundo, es decir, cuando depende del corte.
Los cortes a su vez están clasificados en extra, primera A y B, segunda A y B y tercera. En este apartado tal clasificación se hace en función de la terneza de las piezas, la presencia o ausencia de tendones, de grasa, etc., para que el consumidor sepa exactamente cuál usar para los distintos preparados o qué modo de cocción emplear. Conociendo las características de cada pieza, el consumidor podrá aprovechar mejor la carne y obtener de ella el máximo rendimiento culinario. La res vacuna, en lo que a cortes se refiere, se divide en dos partes en sentido longitudinal y luego en cuatro cuartos, dos anteriores y dos posteriores. De cada uno de los cuartos posteriores se obtienen los cortes más apreciados, los de primera elección, y de cada uno de los anteriores los cortes de segunda y tercera elección.

La situación de los diferentes cortes después de dividida la res en cuartos no es rigurosamente simétrica, pues se sigue el recorrido marcado por las masas musculares y la forma natural de los distintos trozos. Así, puede ocurrir que un corte de primera elección no esté rigurosamente colocado en el cuarto posterior, sino que pase un poco a otra zona.
La ternera de primera calidad es de color blanco sonrosado bastante firme y tiene abundante grasa.
La ternera de segunda calidad tiene la carne algo rojiza y fina, parecida a la del cerdo, y su grasa es sonrosada. Hay muchas personas que la prefieren porque la encuentran más sabrosa que la primera.

Preparación

La carne tiene múltiples formas de preparación: a la brasa, a la plancha, frita, estofada, hervida. Depende de la pieza de la que se trate.
La pierna se considera la mejor parte de la ternera. Aquí se encuentra la tapa o rabadilla, que resulta exquisita, tanto si se hace asada como emparrillada, en filetes, etc. De la contratapa son muy buenos los filetes, aunque menos jugosos.
Para asados es preferible la riñonada, que comprende el solomillo y el lomo, es decir, la parte de chuletas deshuesadas. El lomo bajo, tapa de chuletas, aguja y falda son preferibles para asados, ragús y blanquetas. La aleta de ternera se emplea para rellenar. Las manos de ternera sirven para confeccionar gelatinas, aunque también se guisan. La cabeza de ternera es un manjar delicado. Tiene que estar muy fresca.
A la hora de comprar carne para su consumo, es recomendable escoger las piezas de acuerdo con el plato que se

desea preparar. Es errónea la creencia de que las piezas de categorías inferiores y más baratas son menos nutritivas. El buen cocinero sabe que el paladar y el bolsillo no son hermanos inseparables; más bien lo contrario. Saber cocinar es saber comprar. En la preparación de un estofado no es necesario consumir una carne de máxima categoría; en cambio, para hacer carne a la brasa es conveniente comprarla de primera categoría.

La carne de ternera, si es reciente, necesita estar unos días en el frigorífico para adquirir plenamente su gusto y aroma y quedar más tierna. Por lo menos hay que dejarla de 24 a 48 horas; aunque hay que tener en cuenta que es la carne que se corrompe más pronto, y la menor alteración la hace incomible. Si hay que conservarla en el frigorífico durante unos días, es preferible rehogarla en la cacerola o pasarla por la sartén o el asador con manteca, aceite o grasa. Después, se puede condimentar definitivamente.

Para ablandar la carne se pueden realizar varios cortes en la superficie, aplastar la carne con los utensilios apropiados o picarla. Las tres opciones acaban afectando al tejido conjuntivo de la carne (nervios), haciéndola más blanda al paladar.

La carne de vacuno será más tierna si ha madurado, es decir, si ha pasado unos días en la cámara, después del sacrificio del animal. Un buen carnicero no empieza a despedazar una canal si no tiene unos días de reposo. Claro que esta carne adquirirá una tonalidad superficial más roja, que no tiene tan buena vista, pero será más tierna y jugosa.

Hamburguesa de ternera

Ingredientes para 4 personas:

❖ 400 g de carne picada de ternera ❖ 4 lonchas de queso ❖ 100 g de bacon ahumado ❖ 1 cebolla ❖ 1 huevo ❖ 60 g de mantequilla ❖ 2 dientes de ajo ❖ 4 cucharadas de ketchup ❖ perejil ❖ sal ❖ pimienta ❖ 4 panecillos

Preparación

1. Para comenzar la preparación de estas hamburguesas habría que poner en un bol la carne y añadir el ajo y el perejil, muy picaditos, y salpimentarlo al gusto. Agregarle el huevo y mezclar muy bien. Hacer cuatro trozos iguales y darles forma de hamburguesa.

2. En una sartén con una cucharada de aceite freír las hamburguesas y reservar calientes. Hacer lo mismo con el bacon.

3. Partir los panecillos y untarlos con mantequilla. Tostarlos un poco en la sartén y colocar dentro la hamburguesa, una loncha de queso, otra de bacon y una rodaja de cebolla.

4. Regar los bocadillos con ketchup y servir.

Cordón Bleu con salsa

Ingredientes para 4 personas:

❖ *8 escalopas de ternera muy finas* ❖ *4 lonchas de jamón cocido* ❖ *4 lonchas de queso gruyère* ❖ *1 vasito de vino dulce* ❖ *harina* ❖ *mantequilla* ❖ *sal* ❖ *pimienta* ❖ *200 g de espaguetis y salsa de tomate para acompañar*

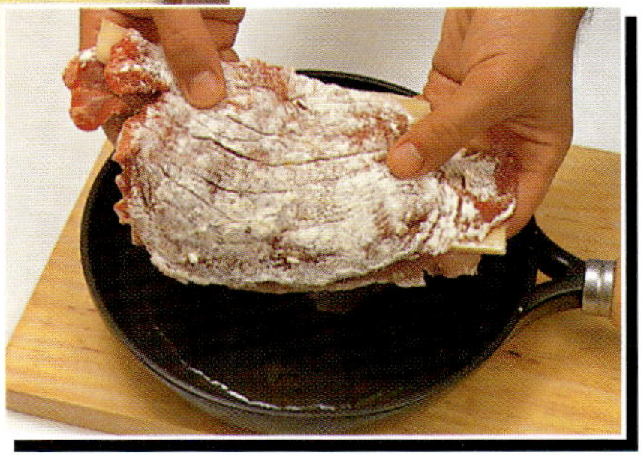

Preparación

1. Sazonar las escalopas con sal y pimienta. Colocar sobre 4 de ellas una loncha de jamón y una de queso y cubrirlas con las escalopas restantes.

2. Cerrar bien los bordes con ayuda de palillos y rebozarlas en harina.

3. En una sartén grande con mantequilla, dorar la carne por ambos lados.

4. Agregar el vino y cocerlas, con la tapadera puesta y a fuego suave durante 10 minutos.

5. Servir calientes, acompañadas con el jugo de la cocción y los espaguetis hervidos y mezclados con salsa de tomate.

Corona de arroz con ternera en salsa de cerveza

Ingredientes para 6 personas:

❖ 1 1/2 kg de aguja de ternera ❖ 1/2 kg de arroz ❖ 1 hoja de laurel
❖ 2 cebollas ❖ 4 zanahorias ❖ 1 vaso de cerveza
❖ 1 cucharada sopera de harina
❖ 2 cucharadas soperas de aceite ❖ 50 g de mantequilla
❖ 1 cucharada sopera de perejil picado ❖ sal

Preparación

1. En un cazo grande poner la carne a trozos, las zanahorias, lavadas, raspadas y cortadas en dos a lo largo, una cebolla pelada y cortada en dos trozos, la hoja de laurel, la cerveza, reservando tres cucharadas, sal, y agua fría hasta que la carne quede bien cubierta. Dejar cocer durante 1 hora con la tapa puesta, y de vez en cuando ir quitando la espuma que se forma encima del agua.

2. En otra cacerola poner 1 litro de agua, sal, una hoja de laurel y el arroz, que se dejará cocer hasta que quede tierno. Escurrirlo, refrescarlo y reservarlo.

3. En una sartén calentar el aceite y la mantequilla y rehogar una cebolla previamente picada. Cuando empiece a dorarse añadir la harina, darle unas vueltas y verter las 3 cucharadas de cerveza que habíamos reservado, y muy poco a poco el caldo de cocer la carne, previamente colado. Remover esta salsa con unas varillas y dejar cocer unos 10 minutos.

4. Verter la salsa dentro de la carne y dejar cocer 10 minutos, añadiendo agua, si fuese necesario.

5. En un molde poner el arroz y dejar unos minutos, para que coja forma. Desmoldarlo en una fuente de servir y verter en el centro la carne. Regar los bordes de la fuente con salsa y adornar el arroz con trocitos de zanahoria cocida y con perejil picado.

6. Servir caliente.

Escalopines de ternera con jamón y salvia

Ingredientes para 4 personas:

❖ 8 escalopes finos de ternera ❖ sal ❖ salvia ❖ 8 lonchas muy finas de jamón de Parma o jamón ahumado de York ❖ pimienta blanca recién molida ❖ 70 g de mantequilla para freír ❖ 4 cucharadas de vino blanco

Preparación

1. Secar los escalopines y golpearlos ligeramente para ablandarlos.

2. Poner encima de cada escalope una loncha de jamón y la salvia. Sujetarlos con un palillo.

3. En una sartén calentar 40 g de mantequilla y freír en ella los escalopines por ambos lados, a fuego vivo, entre 6 y 8 minutos. Sacar la carne de la sartén y ponerla en una fuente precalentada.

4. Mezclar el jugo de la carne de la sartén con el vino. Darle un hervor y añadir los otros 30 g de mantequilla en trocitos. Verter la salsa por encima de la carne y servir caliente.

Este plato puede acompañarse de espinacas y patatas fritas.

Ternera rellena

Ingredientes para 4 personas:

❖ 4 filetes de ternera ❖ 100 g de judías verdes ❖ 100 g de zanahorias ❖ 100 g de patatas ❖ 2 cucharadas de ketchup ❖ aceite ❖ sal ❖ pimienta

Preparación

1. Pelar las patatas y las zanahorias y cortarlas en trozos. Quitar las hebras de las judías y cortarlas en tres trozos cada una. Cocer estas verduras con agua y sal hasta que estén tiernas.

2. Escurrir las verduras y hacer un puré, añadiendo dos cucharadas de ketchup.

3. A continuación salpimentar los filetes de ternera y freírlos por los dos lados en una sartén con un chorrito de aceite.

4. Enseguida rellenar los filetes con el puré de verduras y enrollarlos.

5. La ternera preparada de esta manera conforma un plato que se sirve frío.

Frikadeller

Ingredientes para 4 personas:

❖ *250 g de carne picada de ternera*
❖ *250 g de carne picada de cerdo* ❖ *90 g de harina*
❖ *1 huevo (o 1 clara)* ❖ *1 cucharada de sal*
❖ *1/2 cucharadita de pimienta negra molida*
❖ *1 cebolla rallada* ❖ *3 dl de agua o leche*
❖ *margarina o mantequilla para freír* ❖ *1 lombarda*
❖ *1 dl de zumo de grosella* ❖ *1/2 dl de vinagre*
❖ *1/2 cucharadita de azúcar*
❖ *4 patatas pequeñas*

Preparación

1. Mezclar la carne con la harina, la sal, la pimienta, el huevo y la cebolla. Añadir poco a poco el agua o la leche (al gusto) hasta conseguir una masa no demasiado líquida. Si se deja reposar, admitirá más líquido.

2. En una sartén derretir la mantequilla hasta que no quede ninguna burbuja de aire. Apartar la sartén del fuego, untar una cuchara con esta mantequilla y coger una bola de carne picada, formando un frillake, es decir, una albóndiga de la forma y tamaño de una patata pequeña.

3. Hacer albóndigas con toda la carne picada, ponerlas en la sartén con la mantequilla que reste y calentar al fuego. Dejar cocer durante 5 minutos, darle la vuelta a las albóndigas y cocer 5 minutos más. Reservar al calor.

4. Preparar la lombarda cortándola a cuartos, quitándole las hojas feas y el tallo duro. Lavarla bien, secarla y cortarla en tiras finas. Derretir la mantequilla en una olla, añadir el zumo de grosella, el vinagre, el azúcar y la sal. Dejar cocer unas dos horas aproximadamente.

5. Servir el frikadeller, de procedencia danesa, con la lombarda caliente y con unas patatas cocidas y cortadas en rodajas.

Albóndigas a la cerveza

Ingredientes para 4 personas:

❖ 400 g de carne picada de ternera ❖ 2 salchichas grandes ❖ 2 vasos grandes de cerveza ❖ 2 dientes de ajo ❖ 1 1/2 pastillas de caldo ❖ leche ❖ aceite ❖ laurel ❖ sal ❖ pimienta ❖ perejil ❖ miga de pan ❖ 2 huevos

Preparación

1. Abrir las salchichas, sacarles la carne y mezclarla con la carne picada, el ajo y el perejil, muy picadito, la miga de pan, remojada en leche, y los huevos. Cuando esté bien mezclado hacer las albóndigas.

2. El siguiente paso en la preparación de este plato es freír las albóndigas en una sartén con abundante aceite. Retirarlas y ponerlas en una cazuela. En el aceite de hacer las albóndigas freír la cebolla picada y verter en la cazuela junto con la cerveza, las pastillas de caldo desmenuzadas, una hoja de laurel, sal y pimienta. Dejar cocer durante 15 minutos.

3. Servir este plato muy caliente.

Köttbullar

Ingredientes para 4 personas:

❖ 400 g de carne mezclada de ternera ❖ pimienta negra molida ❖ 1 cucharadita de cebolla rallada ❖ sal ❖ 1 huevo ❖ 1 dl de agua ❖ 2 patatas cocidas y frías ❖ margarina o mantequilla para freír ❖ lechuga para decorar

Para la salsa:

❖ 3 dl de caldo de carne ❖ 2 cucharadas de harina ❖ 1 dl de nata líquida ❖ salsa de soja ❖ sal ❖ pimienta

Preparación

1. Machacar o rallar las patatas cocidas y mezclarlas con el huevo, la carne, la cebolla rallada, el agua, la sal y la pimienta.

2. Enseguida formar albóndigas del tamaño de una nuez pequeña.

3. A continuación freír estas albóndigas en una sartén con la margarina o mantequilla, a fuego moderado, hasta que estén doradas. Sacarlas y colocarlas en una fuente un poco honda.

4. Ligar el jugo que ha quedado en la sartén con el caldo y colarlo sobre una cacerola. Espesarlo con la nata, en la que se habrá diluido la harina y la salsa de soja. Salpimentar y rociar sobre las albóndigas.

Este plato es tradicional de Suecia y se come acompañado de una mermelada realizada con un fruto de la familia del arándano.

Anticuchos de ternera

Ingredientes para 4 personas:

❖ 1 corazón de ternera ❖ 1 cucharadita de ajos molidos ❖ 1 cucharadita de cominos ❖ 1/2 vaso de vinagre de vino ❖ 2 cucharaditas de pimentón picante ❖ pimienta negra ❖ sal ❖ cebolla ❖ 1 pimiento rojo ❖ 1 pimiento verde

Preparación

1. En un mortero majar los ajos, los cominos, el ajo, el vinagre, la pimienta y la sal.

2. En una fuente colocar el corazón partido en trocitos, verter la mezcla anterior por encima y dejar macerar durante 6 horas.

3. Insertar los trozos de carne el pinchos largos, alternándolos con un trozo de pimiento rojo, otro de pimiento verde y otro de cebolla, previamente cortado en tacos.

4. Asar los pinchos en la parrilla e ir rociando con salsa de adobo, para que no se queden secos.

5. Colocarlos en una fuente y servir caliente.

Matahambre al horno

Ingredientes para 6 personas:

❖ 1 kg de aleta de ternera (la parte grasa inferior) cortada en tiras de unos 10 cm de lado ❖ 3 cebollas ❖ 3 tomates ❖ un manojo de perejil ❖ 3 dientes de ajo ❖ sal ❖ orégano ❖ aceite ❖ 1 guindilla

Preparación

1. En una fuente para horno colocar la carne con la grasa hacia abajo y condimentar con sal, orégano y la guindilla picadita.

2. A continuación espolvorear con perejil y ajo, picados muy finamente, y abundantes rodajas finas de cebollas y tomates.

3. Rociar con un poco de aceite y meterlo en el horno previamente calentado durante 30 o 35 minutos.

4. Servir caliente.

Albóndigas con pasta

Ingredientes para 6 personas:

❖ 1/2 kg de espaguetis ❖ 3/4 de kg de carne picada de ternera ❖ 1 bote de tomate frito natural triturado ❖ 1 vaso de vino blanco ❖ 2 huevos ❖ leche ❖ miga de pan ❖ orégano ❖ sal ❖ pimienta ❖ aceite ❖ azúcar

Preparación

1. En un bol grande mezclar la carne picada con la miga de pan remojada en leche, los huevos, sal y pimienta al gusto. Formar bolitas y rebozarlas con harina. Freírlas en una sartén con aceite y reservar.

2. En una sartén con una cucharada de aceite freír el tomate, el vino, sal, orégano y una cucharadita de azúcar. Dejar al fuego durante 15 minutos.

3. En una cazuela con abundante agua y sal cocer los espaguetis hasta que estén «al dente». Escurrir y servir en una fuente, colocando las albóndigas y la salsa en el centro.

4. Servir caliente.

Saltimbocca

Ingredientes para 4 personas:

❖ 8 escalopas de ternera ❖ 8 escalopas de jamón crudo de igual tamaño ❖ 100 g de jamón magro ❖ salvia ❖ 1 vaso de vino blanco seco ❖ caldo ❖ mantequilla ❖ 1 taza pequeña de jugo de asado ❖ 1 cebolla ❖ 25 g de harina ❖ 200 g de arroz ❖ 100 g de manteca de cerdo ❖ 50 g de queso rallado ❖ unas hebras de azafrán ❖ perejil ❖ sal

Preparación

1. Aplastar las escalopas para que queden finas, salarlas y pincharlas con un palillo. Poner sobre cada una una loncha de jamón magro y en su centro espolvorear con salvia, tapándola por último con otra escalopa de ternera.

2. En una cacerola pequeña rehogar el jamón cortado y la cebolla picada. Cuando se empiece a dorar, añadir el arroz y un poco de caldo. A los 10 minutos de su cocción agregar el azafrán y dejar cocer otros 10 minutos más en el horno. Unos minutos antes de estar listo, añadir el queso rallado y una cucharada de mantequilla.

3. Mientras se cuece el arroz, pasar las escalopas por harina y freírlas con mantequilla o manteca de cerdo por los dos lados. Cuando estén fritas todas, echar el vino en la sartén y mezclarlo con la grasa que haya sobrado de freír la carne. Dejarlo cocer hasta que se reduzca a la mitad, incorporando entonces el jugo del asado y un trozo de mantequilla.

4. Verter esta salsa por encima de los saltimboccas, espolvoreándolos con perejil picado.

Los saltimboccas, originarios de Italia, se suelen acompañar de un arroz bien condimentado.

Pastel de carne express

Ingredientes para 6 personas:

❖ 750 g de carne picada de ternera ❖ 2 huevos ❖ 1 panecillo ❖ 1 cucharada de piñones ❖ 1 diente de ajo ❖ 1 vaso de vino blanco ❖ 2 pastillas de caldo ❖ 1/4 de kg de zanahorias ❖ 1/2 kg de patatas francesas ❖ 1/2 kg de repollo

Preparación

1. Mezclar la carne con el diente de ajo muy picado, los huevos, la miga de pan del panecillo mojada en leche y los piñones. Formar dos rollos con esa masa y rebozarlos con harina.

2. En una cazuela de fondo grueso poner un chorro de aceite y rehogar los rollos de carne. Añadir el vino blanco, un vaso de agua y las pastillas de caldo. Pelar las zanahorias y las patatas, partir el repollo en juliana y añadir todo a la cazuela, tapándola. Dejar cocer hasta que la carne y las verduras estén tiernas.

3. En una fuente de servir poner la carne en filetes y las verduras alrededor. Verter la salsa del cocido en una salsera.

4. Servir caliente.

Redondo de ternera a la florentina

Ingredientes para 6 personas:

❖ *1 kg de carne de ternera picada* ❖ *1/2 kg de espinacas congeladas* ❖ *1 lámina de masa de hojaldre* ❖ *2 huevos* ❖ *1 cucharadita de tomillo* ❖ *2 yogures* ❖ *mantequilla* ❖ *250 ml de nata líquida* ❖ *1 manojo de cebollitas tiernas* ❖ *1 cucharada de pimienta verde* ❖ *maíz* ❖ *sal* ❖ *pimienta*

Preparación

1. Condimentar la carne picada con sal, pimienta y tomillo. Añadir los huevos y mezclarlo bien.

2. Engrasar con aceite una hoja de papel de aluminio. Extender la carne sobre ella dejando alrededor un borde de unos 10 cm. Colocar en el centro una tira de espinacas, descongeladas y escurridas.

3. Enrollar la carne sobre sí misma, con ayuda del papel de aluminio. Cerrar éste herméticamente y cocerlo al vapor durante 30 minutos. Retirar el papel cuando esté templado.

4. Extender la lámina de hojaldre, colocar sobre ella el rollo de ternera y pintar los bordes de la masa con huevo batido. Envolver la carne presionando bien los bordes, para que queden unidos.

5. Ponerlo en una placa de horno engrasada con mantequilla y hornear durante 20 minutos, hasta que esté dorado.

6. Preparar una salsa mezclando los dos yogures, la nata líquida y la pimienta verde. Salpimentar y mezclar con las cebollitas picadas.

7. Servir el redondo acompañado de una ensalada de maíz y de la salsa de yogur.

Plato combinado exquisito

Ingredientes para 1 persona:

❖ *1 filete de ternera* ❖ *100 g de guisantes congelados* ❖ *50 g de jamón serrano* ❖ *mantequilla* ❖ *1 patata mediana* ❖ *1 lechuga* ❖ *aceite* ❖ *sal*

Preparación

1. En una olla con agua y sal poner a cocer los guisantes. Escurrirlos y reservar.

2. Pelar las patatas, lavarlas, cortarlas y freírlas en una sartén con abundante aceite.

3. Partir el jamón en trocitos y rehogarlo en una sartén con un poco de mantequilla. Añadirle los guisantes y rehogarlos junto al jamón.

4. Lavar y cortar la lechuga, y aliñarla con aceite, vinagre y sal. En un plato de servir hacer un lecho de lechuga y colocar encima el filete, los guisantes y el jamón y las patatas fritas.

5. Servir muy caliente.

Plato combinado inglés

Ingredientes para 1 persona:

❖ 1 filete de ternera ❖ 2 patatas ❖ 1 lechuga ❖ 1 huevo ❖ 1/4 de l de leche ❖ 50 g de mantequilla ❖ 1 escarola ❖ 1 bote de remolacha cocida ❖ 1 lata de atún en aceite ❖ 100 g de aceitunas ❖ aceite ❖ pan rallado ❖ sal ❖ pimienta ❖ ajo ❖ perejil

Preparación

1. En una olla con abundante agua y sal cocer las patatas con piel. Pelarlas y pasarlas por el pasapurés, añadiendo la leche, la mantequilla y un poco de sal. Reservar al calor.

2. Lavar y picar la escarola. Mezclarla con un poco de remolacha cocida y las aceitunas.

3. Picar el perejil y el ajo muy menuditos y untar el filete con ello. Rebozar el filete en huevo y en pan rallado. Freírlo en una sartén con aceite y escurrirlo luego con papel de cocina.

4. Colocar la ensalada en un plato de servir y aliñarla con aceite, vinagre, limón y sal. Añadir al plato el filete y el puré de patatas y servir caliente.

Pastel de carne y riñones de ternera

Ingredientes para 6 personas:

❖ 1 kg de rosbif ❖ 1 riñón de ternera ❖ 1 cucharada de harina
❖ 1 cucharadita de sal
❖ 1/2 cucharadita de pimienta negra recién molida ❖ 60 g de mantequilla
❖ 2 cebollas ❖ 1/4 de l de agua
❖ 1 hoja de laurel ❖ 2 ramitas de tomillo

Para la pasta:

❖ 200 g de harina de trigo ❖ 1/2 cucharadita de sal ❖ 100 g de mantequilla
❖ 3 cucharadas de agua

Preparación

1. Para elaborar la pasta tamizar la harina en un recipiente hondo y mezclar con sal. Cortar una cuarta parte de la mantequilla en dados y mezclar con la harina. Añadir agua y amasar con las manos hasta conseguir una pasta lisa y uniforme.

2. Extender la pasta sobre una superficie enharinada y añadir la segunda cuarta parte de la mantequilla en trocitos. Doblar la pasta en dos y extender de nuevo. Volver a poner trocitos de mantequilla por encima, doblar de nuevo la pasta, extender y repetir el proceso por tercera vez.

3. Envolver la pasta en una hoja de papel de aluminio y guardar en la nevera 30 minutos.

4. Cortar en dados la carne y los riñones. Mezclar la harina con la sal y la pimienta y enharinar los dados de carne y de riñones. Sacudir la harina sobrante.

5. Calentar la mantequilla en una sartén y freír la carne y los riñones. Retirar de la sartén y poner en una cazuela.

6. Pelar las cebollas, cortar en tiras y freír en el mismo aceite que la carne, procurando que no tomen color.

7. Regar con el agua, añadir la hoja de laurel y el tomillo y dejar hervir. Verter la salsa de cebolla por encima de la carne y dejar a fuego moderado y tapado durante 1 hora.

8. Precalentar el horno a 225 °C. Engrasar un molde alargado y poner el relleno. Extender la pasta sobre una superficie enharinada. Recortar una lámina del tamaño adecuado para tapar y colocar por encima. Cortar tiras del resto de la pasta y cubrir con ellas el borde para que el pastel quede bien cerrado.

9. Colocar a altura media en el horno durante 10 minutos. A continuación bajar la temperatura a 175 °C y hornear 20 minutos más, hasta que el pastel esté dorado.

10. Servir este plato inglés bien caliente.

Waterzooi

Ingredientes para 6 personas:

❖ 1/2 jarrete grande de ternera ❖ 1 pollo de 1 kg ❖ 10 ramas de apio ❖ 2 zanahorias grandes ❖ 2 puerros ❖ aceite ❖ 1 cucharada rasa de harina ❖ 1 cucharada de mantequilla o margarina ❖ 2 yemas de huevo ❖ 1/2 vasito de zumo de limón ❖ tomillo ❖ laurel ❖ pimienta ❖ perejil ❖ sal

Preparación

1. Limpiar el pollo y cortarlo en trozos grandes. Los despojos, bien limpios, se ponen a cocer junto con el jarrete, también limpio, en una olla con dos litros de agua, el puerro, cinco ramas de apio y una zanahoria cortada en trozos grandes. Sazonar y dejar cocer 2-3 horas a fuego suave.

2. Mientras, lavar el resto del apio, el puerro, la otra zanahoria, y picarlo todo bien.

3. En una cacerola grande echar un chorro de aceite y dorar los despojos y la ternera. Agregar después el pollo y un poquito de cada hierba. Darle unas vueltas y agregar el caldo colado. Llevar a ebullición y mantener hasta que el pollo esté tierno.

4. Hacer una bechamel con la mantequilla y el resto del aceite, la harina y un poco de caldo, procurando que no quede demasiado clara. Añadir la bechamel a la cacerola.

5. Mezclar las yemas de huevo con el limón, añadiendo un poco de caldo. Verter esta mezcla al caldo y servir enseguida.

Esta especie de sopa es originaria de Bélgica. No importa que el pollo se deshaga. Lo más importante es que la bechamel consiga darle al caldo un aspecto aterciopelado.

Filetes de ternera empanados

Ingredientes para 4 personas:

❖ *8 filetes de ternera de unos 100 g cada uno* ❖ *2 huevos* ❖ *pan rallado* ❖ *leche* ❖ *aceite* ❖ *sal*

Preparación

1. Aplastar los filetes con el puño para que queden bien aplanados.
2. En una fuente un poco grande, batir los huevos y mezclar con 1 vasito de leche.
3. Poner pan rallado en un plato.
4. Poner a remojar los filetes en la mezcla de huevo y leche.
5. Dejarlos al menos 30 minutos para que queden bien impregnados de la mezcla.
6. Pasado ese tiempo retirarlos y salarlos.
7. Seguidamente rebozarlos con el pan rallado y freírlos por ambos lados en una sartén con aceite de oliva muy caliente.
8. Antes de servirlos dejar que pierdan el exceso de aceite con un papel secante.

Lomo de ternera al vino

Ingredientes para 4 personas:

❖ *1 trozo de lomo de unos 600 g* ❖ *1 kg de patatas* ❖ *1 vaso de vino blanco* ❖ *mantequilla* ❖ *aceite* ❖ *sal*

Preparación

1. Espolvorear la carne con sal.

2. En una cazuela con aceite caliente, dorar por ambos lados el lomo.

3. Disponer la carne en una fuente para horno y rociarla con el jugo de su cocción.

4. Llevar a horno normal y dejarla unos 20 minutos.

5. Al cabo de ese tiempo, rociarla con el vino blanco y dejarla en el horno el tiempo necesario hasta que quede en su punto.

6. Seguidamente en una sartén con mantequilla derretida, añadir el jugo de cocción de la carne y darle unos hervores.

7. Disponer la carne cortada en rodajas en una fuente para servir, rociar con la salsa y acompañar con patatas hervidas con piel y peladas.

Potaje de ternera con huevo

Ingredientes para 6 personas:

❖ 1/4 de kg de carne de ternera ❖ 6 cucharadas de arroz ❖ 1 cebolla ❖ 3 yemas de huevo ❖ 1 cucharada de pimentón dulce ❖ harina ❖ perejil ❖ vinagre ❖ aceite ❖ sal

Preparación

1. Pelar y picar la cebolla.
2. Trinchar finamente el perejil.
3. Cortar la carne en pedacitos.
4. A continuación, en una cazuela con aceite hirviendo, dorar la carne durante unos minutos, retirarla y conservarla aparte.
5. En el aceite restante, sofreír la cebolla a fuego lento, hasta que quede transparente.
6. Volver a poner la carne en la cazuela, espolvorearla con una cucharada de harina, mezclarla, retirar la cazuela del fuego y añadir el pimentón.
7. Rociar la carne con 1/4 de litro de agua, espolvorear con sal y dejar a fuego normal 15 minutos.
8. Añadir el arroz, mezclarlo con la carne y dejar 15 minutos más en el fuego.
9. Mientras, batir en una taza las tres yemas de huevo con una cucharada de vinagre y medio cucharón de caldo de la sopa.
10. Verter la mezcla anterior en la cazuela, mezclar durante unos segundos, recubrir con el perejil picado y servir caliente.

Blanqueta de ternera

Ingredientes para 4 personas:

❖ 600 g de pierna o pecho de ternera ❖ 1 cebolla ❖ 1 zanahoria ❖ 1 limón ❖ 1 ramito de hierbas aromáticas (laurel, tomillo, perejil, etc.) ❖ clavo de especia ❖ sal ❖ pimienta

Para la salsa:

❖ 200 g de cebollitas ❖ 200 g de champiñones ❖ 50 g de mantequilla ❖ 1 dl de caldo de carne ❖ 1 cucharada de azúcar ❖ 2 cucharadas de harina ❖ 2 yemas de huevo

Preparación

1. Cortar la carne en trozos regulares y dejarla en agua durante 1 hora.

2. Escurrir la carne y ponerla en una cacerola con agua fría, añadiéndole la cebolla y la zanahoria enteras, las hierbas aromáticas, el clavo de especia, la pimienta y la sal; tapar y cocer a fuego moderado durante 45 minutos o hasta que la carne esté tierna.

3. Pelar las cebollitas y cocerlas en una olla aparte con la mitad de la mantequilla, el azúcar y el caldo de carne; reservar.

4. Lavar bien los champiñones, quitándoles la base arenosa del tronco; saltearlos ligeramente en una sartén y reservarlos.

5. Cuando la carne esté cocida, sacarla con la espumadera y enseguida pasar el caldo por un colador fino.

6. Derretir el resto de la mantequilla en una cacerola y añadirle la harina, removiendo bien y, después de dejar cocer unos segundos, agregar el caldo colado removiendo continuamente; continuar la cocción unos 10 minutos.

7. Batir las yemas de huevo con unas gotas de limón y agregar a la salsa, removiendo con rapidez; dejar hervir unos instantes y añadirle las cebollitas y los champiñones, sin dejar de remover.

8. Colocar la carne de ternera en una fuente y bañarla con la salsa muy caliente.

Estofado de ternera con vino blanco

Ingredientes para 4 personas:

❖ 1 kg de carne de ternera, aguja o morcillo ❖ 1 cebolla ❖ 600 g de patatas ❖ 1 cabeza de ajos ❖ 1 hoja de laurel ❖ tomillo ❖ pimienta ❖ 1 dl de vino blanco seco ❖ 1/2 l de aceite ❖ sal

Preparación

1. Trocear la ternera en dados de unos 3 cm.

2. Pelar y cortar la cebolla y los ajos, éstos en forma de filete.

3. En una cazuela de barro, poner los dados de ternera, la cebolla y el ajo. A continuación, verter 1 1/2 dl de aceite, el vino, y 1 dl de agua. Añadir las hierbas aromáticas y salpimentar.

4. A continuación habría que tapar la cazuela y dejar que cueza lentamente durante 1 hora y 30 minutos, aproximadamente.

5. Pelar y cortar en dados las patatas; freírlas en abundante aceite.

6. Cuando el estofado esté en su punto, añadir las patatas fritas y escurridas, darle unas vueltas.

7. Servir en la misma cazuela.

Schnitzel

Ingredientes para 4 personas:

❖ 4 filetes finos de ternera ❖ 4 filetes de anchoa ❖ 2 huevos ❖ 50 g de pan rallado ❖ 2 limones ❖ 4 aceitunas rellenas ❖ aceite de oliva ❖ 50 g de mantequilla ❖ 200 g de judías verdes tiernas ❖ perejil ❖ sal ❖ pimienta

Preparación

1. Primeramente, aplanar los filetes con un mazo de madera o con un rodillo y quitarles la grasa, si la tienen; salpimentarlos.

2. Batir un huevo y pasar primero por él, uno por uno, los filetes y después por el pan rallado, presionándolo bien con los dedos para que quede adherido.

3. Calentar en una sartén el aceite y dorar por ambos lados las escalopas; sacarlas y escurrirlas sobre papel absorbente.

4. Exprimir un limón; hervir las judías verdes y cocer un huevo durante unos 10 minutos.

5. Quitar el aceite de la sartén y poner en ella la mitad de la mantequilla; derretirla y añadir el jugo del limón y el huevo duro y el perejil picados, dejándolos en el fuego unos instantes.

6. Derretir el resto de la mantequilla y rehogar las judías hervidas.

7. Colocar las escalopas en una fuente y sobre cada una de ellas un poco de salsa y un filete de anchoa enroscado en una aceituna rellena.

8. Adornar con rodajas de limón y acompañar con las judías tiernas.

9. Servir enseguida.

Albóndigas en salsa

Ingredientes para 4 personas:

❖ 400 g de carne de ternera picada ❖ 100 g de tocino picado ❖ 1 cebolla ❖ 1 pimiento asado y pelado ❖ 2 dientes de ajo ❖ 1 huevo ❖ 1 rebanada de pan ❖ leche ❖ perejil ❖ pimienta ❖ 1 hoja de laurel ❖ pimentón ❖ 100 g de harina ❖ 1/2 dl de vino blanco ❖ 3 dl de aceite de oliva

Preparación

1. En un bol, amasar la carne de ternera y el tocino, junto con el ajo y perejil picados; incorporar la miga de pan remojada con leche y añadir el huevo fresco; salpimentar, trabajar bien y dejar descansar unos 20 minutos.

2. Pasado este tiempo, formar las albóndigas, enharinarlas y freírlas en una sartén con aceite caliente.

3. Cuando estén doradas, retirarlas y disponerlas en una cazuela de barro.

4. En el mismo aceite, rehogar la cebolla cortada fina y, cuando empiece a tomar color, espolvorear con 1 cucharadita de harina y un poco de pimentón.

5. A continuación, bañar con el vino blanco y 2 dl de agua, aromatizar con la hoja de laurel y dejar dar unos hervores.

6. Verter esta salsa sobre las albóndigas.

7. Dejar cocer lentamente, removiendo a menudo la cazuela.

8. Cuando las albóndigas estén en su punto, rectificar de sal y pimienta.

9. Añadir el pimiento cortado en tiras y retirar el laurel.

10. Servir en la misma cazuela.

Guisado de carne de ternera

Ingredientes para 4 personas:

❖ 600 g de carne de pierna de ternera en un trozo ❖ 3 cebollas medianas ❖ 3 zanahorias ❖ 100 g de mantequilla ❖ 2 dl de caldo de carne ❖ 1/2 dl de aceite de oliva ❖ sal ❖ pimienta

Preparación

1. Atar la carne con hilo de bramante para que no se deforme.

2. Salpimentar.

3. En una cazuela de barro, colocar la carne y cubrirla con el aceite y la mantequilla.

4. Seguidamente, rehogarla a fuego vivo, dorándola por todos sus lados.

5. A continuación, incorporar las zanahorias y las cebollas peladas y cortadas en trozos grandes.

6. A continuación dejar rehogar durante unos 20 minutos más.

7. Cuando esté todo bien dorado (carne, zanahorias y cebollas), bañarlo con el caldo de carne y dejar cocer lentamente, tapado, durante unos 50 minutos.

8. Seguidamente, cuando la carne esté cocida, retirarla del fuego, dejar enfriar, sacar el bramante y cortar en trozos regulares.

9. Disponer los trozos en una bandeja y servir rociados con la salsa de la cazuela previamente pasada por el chino.

Solomillo de ternera en su salsa

Ingredientes para 4 personas:

❖ 800 g de solomillo de ternera, en un trozo ❖ 1 cebolla ❖ 1 zanahoria ❖ 1/2 kg de patatas
❖ 2 dientes de ajo ❖ harina ❖ 30 g de mantequilla ❖ 1/2 dl de leche
❖ 2 dl de vino blanco seco ❖ aceite ❖ sal ❖ pimienta

Preparación

1. Salpimentar y enharinar el solomillo.

2. En una cacerola al fuego, calentar el aceite y dorar el solomillo a fuego vivo. Mantener hasta dorar todo por igual formando una costra.

3. Seguidamente, verter el vino y añadir la cebolla troceada, la zanahoria pelada y cortada en rodajas y los dientes de ajo en láminas. Dejar cocer a fuego moderado.

4. A medio cocer, añadir un poco de agua caliente y dejar que acabe de cocer lentamente.

5. Cuando esté en su punto, retirar y dejar que se enfríe. Pasar la salsa por el colador chino y verterla sobre la carne.

6. Mientras, hervir las patatas en agua y sal hasta que estén blandas. Pasar enseguida por el pasapurés y mezclar con la mantequilla y un poco de leche.

7. Trabajar un poco el puré para que quede fino y suave. Disponerlo en un bol para servir.

8. Finalmente, calentar de nuevo la carne en la salsa y servir acompañada del puré de patatas, en recipientes separados.

Osso bucco a la milanesa

Ingredientes para 4 personas:

❖ *4 rodajas de jarrete de ternera* ❖ *1 cebolla* ❖ *1 diente de ajo* ❖ *75 g de mantequilla* ❖ *2 1/2 dl de vino blanco*
❖ *5 dl de caldo de ternera* ❖ *harina* ❖ *1 cucharada de perejil picado*
❖ *piel de 1/2 limón* ❖ *sal* ❖ *pimienta negra*

Preparación

1. Pelar y picar la cebolla, majar el ajo y freír ambos en una cacerola con mantequilla derretida.

2. Cuando la cebolla se vuelve transparente, añadirle la carne enharinada.

3. Dorar la carne por ambos lados, salpimentar y agregar el vino.

4. Dejar evaporar el líquido y añadirle el caldo hasta cubrir la carne; tapar la cacerola y cocer a fuego suave durante 1 hora y 30 minutos.

5. Remover con una cuchara de madera, de vez en cuando, y añadirle agua si se espesa demasiado.

6. Para finalizar esta preparación habría que rallar la piel de limón y espolvorear con ella y el perejil unos 5 minutos antes de servir.

Escalopinas al limón

Ingredientes para 1 persona:

❖ 100 g de escalopinas, cortadas finísimas ❖ 1 cucharada de zumo de limón ❖ 10 g de mantequilla ❖ 10 g de harina ❖ perejil ❖ sal ❖ pimienta

Preparación

1. Primeramente habría que poner a calentar la mantequilla a fuego suave.

2. Enharinar apenas las escalopinas; freír en la mantequilla. Salpimentar.

3. Una vez hechas las escalopinas, rociarlas con zumo de limón. Dejar que tomen sabor un momento en la sartén tapada, mantenida a fuego mínimo o incluso sobre el quemador ya apagado.

4. Pasarlas a un plato caliente y espolvorear por encima perejil picado.

Churrasco a la parrilla

Ingredientes para 4 personas:

❖ *1 kg de carne para churrasco (lomo, cuadril o paleta)* ❖ *sal* ❖ *pimienta recién molida*

Preparación

1. Cortar la carne en 4 churrascos gruesos.

2. Preparar el fuego y calentar la parrilla; asarlos a fuego moderado de un lado y después de otro procurando no pincharlos.

3. Enseguida salpimentar y servir; generalmente se acompaña con ensalada de lechuga y tomate o patatas hervidas o fritas.

4. Este plato de carne también puede prepararse a la plancha, calentándola muy bien, previamente, antes de poner los churrascos.

Riñones salteados con vino tinto

Ingredientes para 2 personas:

❖ 250 g de riñones de ternera ❖ 50 g de cebolla ❖ 25 g de mantequilla
❖ 1/4 dl de vino tinto ❖ 15 g de harina de maíz (opcional) ❖ sal ❖ perejil ❖ 1 diente de ajo muy pequeño

Preparación

1. Cortar los riñones a trocitos y eliminar la grasa y los conductos.

2. Echarlos en un colador de agujeros grandes junto con un puñado de sal; removerlos y dejar en reposo durante unas 2 horas.

3. Transcurrido este tiempo, aclarar abundantemente durante unos 15 minutos bajo un chorro de agua fría; de vez en cuando, revolverlos para que desprendan toda la sal. Dejar escurrir.

4. Entre tanto, picar menuda la cebolla.

5. Enseguida poner los riñones limpios y escurridos en una cacerolita; echar por encima la cebolla; incorporar también la mantequilla (o un par de cucharadas de aceite de oliva).

6. Cocer a fuego muy suave durante unos 30 minutos.

7. Mientras se cuecen los riñones, picar el ajo y perejil; añadir el vino a la picada y agregarlo todo a la cazuela; dejarlo cocer todo junto 5 minutos más.

8. Si la salsa resulta clara, incorporar la harina de maíz, diluida con un poco de agua fría. Comprobar el punto de sal y cocer 5 minutos más. En caso de no gustar el ajo, condimentar con un poco de pimienta molida.

Pot-au-feu

Ingredientes para 6 personas:

❖ 1 kg de tapa o contratapa de ternera ❖ 600 g de falda de ternera ❖ 2 huesos de ternera ❖ 4 puerros ❖ 8 zanahorias ❖ 6 nabos ❖ 2 cebollas ❖ 1 apio ❖ 4 clavos de especia ❖ laurel ❖ tomillo ❖ rebanadas de pan ❖ queso rallado ❖ sal ❖ pimienta en grano

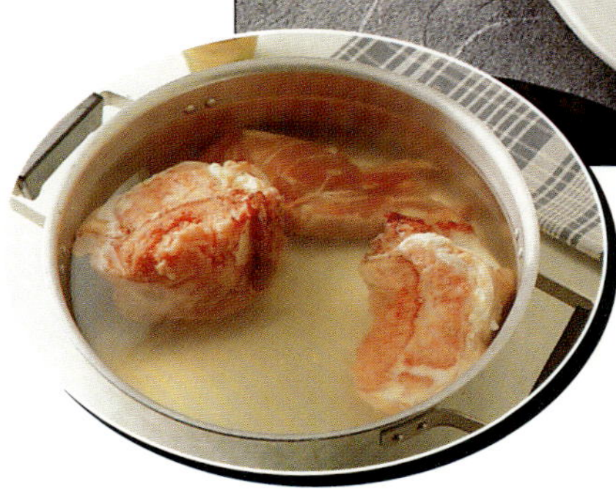

Preparación

1. Primeramente verter en una olla 4 litros de agua fría y añadir la carne, los huesos y una cucharada de sal; tapar, llevar a ebullición y dejar hervir a fuego suave durante 1 hora.

2. A continuación habría que preparar y atar los puerros, y clavar los clavos de especia en las cebollas, una vez peladas.

3. Agregar las zanahorias, las cebollas, el laurel y el tomillo a la carne; cocer unos 30 minutos más.

4. Añadir los puerros, el apio, los nabos y 10 granos de pimienta; si es necesario, agregar un poco más de agua.

5. Cocer a fuego moderado durante 1 hora y 30 minutos.

6. Desgrasar el caldo y servirlo en tazas, con rebanadas de pan tostado y queso rallado.

7. Trinchar la carne y colocarla en una fuente con las verduras alrededor.

8. Acompañar con mostaza, pepinillos, etc. al gusto de la persona.

Solomillo «tres sabios»

Ingredientes para 4 personas:

❖ 700 g de solomillo en un trozo ❖ 2 cucharadas de miel ❖ 2 cucharadas de mostaza ❖ 2 cucharadas de finas hierbas para sazonar ❖ 25 g de mantequilla ❖ sal ❖ pimienta ❖ 1 limón

Preparación

1. Calentar el horno a 220 °C.
2. Frotar el solomillo con limón, salpimentarlo y embadurnarlo con la mostaza.
3. Colocar el solomillo en una fuente refractaria; espolvorearlo con las finas hierbas y distribuir por encima la mantequilla a trocitos.
4. Introducir la fuente en el horno y asar la carne durante unos 15 minutos.
5. Pasado este tiempo, dar la vuelta a la carne; asar unos 10 minutos más.
6. Sacar el solomillo, cubrirlo con la miel y meterlo de nuevo en el horno otros 10 minutos.
7. Servirlo inmediatamente.

Sillbullar

Ingredientes para 6 personas:

❖ 6 arenques frescos ❖ 1 kg de carne de ternera picada ❖ 300 g de patatas ❖ 4 cebollas ❖ 100 g de uvas pasas ❖ 50 g de harina ❖ 300 g de azúcar ❖ 1 dl de vinagre ❖ 3 dl de caldo de carne ❖ sal ❖ aceite

Preparación

1. Pelar y cocer las patatas en abundante agua ligeramente salada; escurrirlas y hacerlas puré.

2. Abrir y lavar los arenques, quitarles las espinas y picarlos en trocitos.

3. Pelar y picar finas las cebollas; ponerlas en un bol, junto con el puré de patata, los arenques y la carne picada.

4. Sazonar la mezcla, amalgamar bien y hacer albóndigas.

5. Enseguida freír las albóndigas en abundante aceite caliente.

6. A continuación mezclar en un recipiente pequeño el azúcar y el vinagre, y poner a fuego suave hasta formar un caramelo.

7. Después agregar la harina al caldo y añadirlo al caramelo, junto con las pasas; hervir a fuego suave durante unos 4 minutos.

8. Finalmente regar las albóndigas con esta salsa y servir.

Hígado de ternera con tomate

Ingredientes para 6 personas:

❖ 500 g de filetes de hígado de ternera ❖ 2 cucharadas de sake ❖ 4 cucharadas de maicena ❖ jengibre ❖ 3 tomates medianos maduros ❖ 1 puerro ❖ 1 diente de ajo ❖ 5 cucharadas de manteca ❖ 2 cucharadas de salsa de soja ❖ 1 cucharada de azúcar ❖ pimienta molida

Preparación

1. Dejar 1 hora los filetes en agua fría.

2. Escurrir y cortar en trozos finos y sazonar con sake y un chorrito de jengibre.

3. Rebozarlos con maicena y saltear.

4. Enseguida cortar el tomate en trozos y quitarle las semillas.

5. Calentar la manteca, saltear los ajos picados y el puerro, añadir los tomates y los hígados salteados.

6. Finalmente sazonar con salsa de soja, azúcar, sake y pimienta.

Albóndigas del sur

Ingredientes para 6 personas:

❖ 200 g de carne de ternera ❖ 2 pechugas de pollo ❖ 3 huevos ❖ 200 g de jamón graso ❖ 2 dientes de ajo ❖ 1 limón ❖ perejil ❖ pan rallado ❖ harina ❖ pimienta negra ❖ azafrán ❖ aceite ❖ sal

Preparación

1. Picar en la máquina la carne de ternera y las pechugas juntas.

2. En una fuente honda, colocar toda la carne picada y añadir el pan rallado, el ajo picado, el perejil picado, la pimienta, el azafrán, dos huevos, la sal y el zumo de limón.

3. Amasar bien toda la pasta y hacer albóndigas con las manos.

4. Pasar las albóndigas por harina y freírlas con abundante aceite.

5. En una olla al fuego con un poco de agua, agregar los huesos de las pechugas, el jamón graso y un poco de aceite de la sartén.

6. Seguidamente dejar hervir 30 minutos y agregar las albóndigas.

7. A continuación dejar cocer todo junto durante 40 minutos más.

8. Retirar los huesos, añadir una yema de huevo y el jamón magro picado.

9. Servir caliente.

Escalopes de ternera con queso

Ingredientes para 6 personas:

❖ 6 escalopes de ternera ❖ 6 lonchas de queso de nata ❖ 3 cucharadas de salsa de tomate ❖ zumo de limón ❖ 1 vasito de jugo de asado ❖ 25 g de mantequilla ❖ pimienta ❖ estragón ❖ sal

Preparación

1. Asar los escalopes en la plancha y untados de mantequilla.
2. Dar únicamente una vuelta por cada lado.
3. Sazonar con sal y pimienta.
4. Echar el jugo que han soltado en una fuente de horno y añadir el zumo de limón.
5. Colocar encima los escalopes, embadurnar el interior de la fuente con un poco de mantequilla y cubrir con lonchas de queso.
6. A continuación habría que espolvorear con estragón, y de inmediato repartir por encima las cucharadas de salsa de tomate.
7. Meter en el horno caliente para gratinar durante unos 10 minutos.

Guiso de ternera a la aragonesa

Ingredientes para 4 personas:

❖ 1 1/2 kg de aguja de ternera ❖ 100 g de zanahoria ❖ 100 g de cebolla ❖ 1 puerro ❖ 1 ramita de apio ❖ 2 vasos de leche ❖ 2 cucharadas de harina ❖ 1 dl de aceite de oliva ❖ sal

Preparación

1. Cortar la carne en trozos regulares; pelar la cebolla y trocearla; raspar y cortar en trocitos la zanahoria; trocear el puerro y el apio.

2. A continuación habría que poner abundante agua con sal en una olla y cocer la carne con las verduras; una vez que hierva, habría que espumar, reducir y cocer a fuego suave durante 1 hora y 20 minutos o hasta que la carne esté tierna.

3. Sacar la carne del caldo; colar unas dos tazas de caldo.

4. Calentar en una olla la leche con un poquito de sal; añadir el aceite; retirar del fuego, agregar la harina, diluirla bien y volver a poner al fuego; agregar el caldo reservado y remover durante 3 minutos.

5. Incorporar la carne y cocer 5 minutos más, procurando que no se queme.

6. Servir el guiso repartiéndolo en los platos.

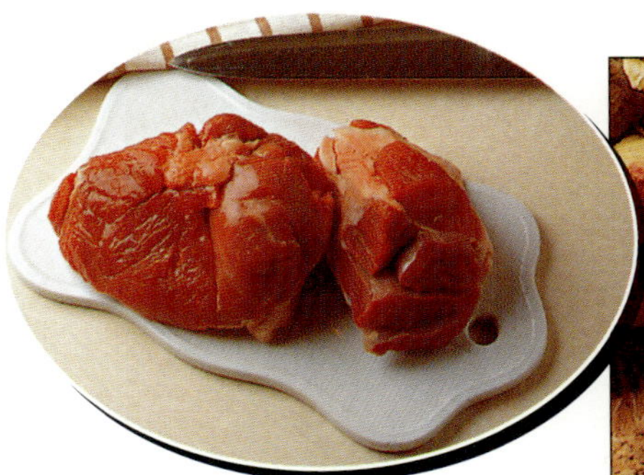

Chuletas a la boloñesa

Ingredientes para 4 personas:

❖ 4 chuletas de ternera ❖ 4 lonchas de jamón serrano ❖ 2 huevos
❖ 2 cucharadas de queso parmesano rallado ❖ 100 g de pan rallado ❖ 1 trufa ❖ 3 cucharadas de mantequilla ❖ sal

Preparación

1. Batir las yemas de los huevos; cortar en 4 porciones la trufa.

2. Enseguida aplastar un poco las chuletas, salarlas y pasarlas primero por el huevo batido y después por el pan rallado.

3. Fundir la mantequilla en una sartén y freír las chuletas; sacarlas y ponerlas en una fuente para horno.

4. Depositar sobre cada chuleta una loncha de jamón, un poquito de queso y un trocito de trufa; cocer al horno moderado hasta que el queso se haya fundido.

5. Servir calientes.

Chuletón a la parrilla

Ingredientes para 4 personas:

❖ 4 chuletones de ternera ❖ 2 pimientos rojos ❖ 1 limón ❖ 3 dientes de ajo ❖ aceite ❖ sal

Preparación

1. Pelar y machacar los dientes de ajo en el mortero.

2. Exprimir el limón y conservar el zumo.

3. En una fuente honda, disponer los chuletones, rociarlos con un buen chorro de aceite, zumo de limón y recubrirlos con los ajos machacados.

4. Mientras, calentar unas parrillas sobre unas abundantes brasas de leña.

5. Cuando las brasas estén al rojo y las parrillas calientes, disponer sobre ellas los chuletones.

6. Darles la vuelta, rociándolos de vez en cuando con un poco de aceite de su maceración, logrando que queden hechos por fuera y jugosos por dentro.

7. Espolvorearlos con sal antes de retirarlos de la parrilla.

8. Conservarlos al calor y asar los pimientos.

9. Pelarlos, cortarlos en tiras y acompañar la carne.

Hígado a la veneciana

Ingredientes para 4 personas:

❖ *800 g de hígado de ternera* ❖ *2 cebollas* ❖ *1 vaso de vino blanco seco* ❖ *1 cucharada de mantequilla* ❖ *1 vasito de aceite de oliva* ❖ *laurel* ❖ *1 ramita de perejil* ❖ *pimienta* ❖ *sal*

Preparación

1. Limpiar el hígado quitándole la piel que lo cubre; cortarlo en tiritas.

2. Pelar y cortar o picar la cebolla; picar fino el perejil.

3. Calentar el aceite con la mantequilla y sofreír la cebolla con unas hojas de laurel; cuando la cebolla empiece a dorarse, retirar del fuego y dejar templar.

4. Añadir el hígado, el perejil y salpimentar y cocer a fuego suave unos minutos.

5. Quitar la hoja de laurel y agregar el vino; dejar hervir hasta que se consuma y servir.

Sesos de ternera a la mantequilla

Ingredientes para 4 personas:

❖ 4 sesos de ternera ❖ 300 g de mantequilla ❖ 4 ramas de apio ❖ 4 hojas de laurel ❖ 4 ramitas de romero ❖ 8 ramitas de perejil ❖ 2 dl de vinagre ❖ sal ❖ pimienta

Preparación

1. Limpiar los sesos y sazonar con sal; picar el perejil.

2. Calentar a fuego suave un cazo grande con agua; añadir el vinagre, los sesos, el apio, el laurel y el romero y cocer durante 15 minutos.

3. Escurrir los sesos y cortarlos en lonchas; reservarlos calientes en una fuente.

4. Calentar la mantequilla en una sartén a fuego suave; cocer hasta que se vuelva oscura.

5. Poco antes de finalizar la cocción, agregar el perejil picado y sazonar con una pizca de sal y pimienta; mezclarlo bien todo.

6. Bañar los sesos con la mantequilla muy caliente.

7. Servir.

Ternera con sidra a la Villaviciosa

Ingredientes para 4 personas:

❖ 8 medallones de babilla de ternera ❖ 1 vaso de sidra ❖ perejil ❖ 1 cucharada de harina ❖ 100 g de tocino cortado en tiras ❖ 3 dientes de ajo ❖ 1 cebolla ❖ 250 g de guisantes desgranados y cocidos ❖ 1 tazón de caldo ❖ aceite ❖ sal

Preparación

1. Pelar y picar finamente las cebollas y el ajo; triturar el perejil.
2. A continuación mechar los medallones de carne con las tiras de tocino.
3. En una cazuela plana de barro con aceite caliente, sofreír la cebolla durante unos segundos y añadir ajo y perejil.
4. Enseguida rociar el sofrito con un toque de sidra natural y dejar cocer a fuego lento hasta que la sidra se haya mermado.
5. Disolver en la salsa 1 cucharada de harina, rociar con el caldo y agregar los guisantes.
6. Espolvorear con sal.
7. Aparte, en una sartén con un poco de aceite caliente, dorar los medallones de carne por ambos lados.
8. Disponerlos en la cazuela con la salsa y dejarlos a fuego lento 30 minutos.
9. Rectificar la sal.
10. Servir la carne adornada con los guisantes a su alrededor.

Crêpes rellenos de carne al queso

Ingredientes para 4 personas:

❖ 1/4 de kg de carne de ternera picada ❖ 200 g de queso mozzarella ❖ 100 g de queso parmesano rallado ❖ aceite de oliva ❖ 1 huevo ❖ 1/4 de l de leche ❖ 6 cucharadas soperas de harina ❖ 3 cucharadas soperas de azúcar ❖ sal ❖ 1/2 cucharadita de levadura ❖ el zumo de 1/2 limón ❖ mantequilla

Preparación

1. En un bol colocar la harina, el azúcar, el huevo, la levadura y el zumo de limón. Batirlo muy despacio, añadiendo poco a poco la leche, hasta obtener una pasta homogénea.

2. En una sartén pequeña derretir un poco de mantequilla e ir haciendo las crêpes con la pasta, hasta que ésta se termine. Reservar las crêpes al calor.

3. En una fuente honda mezclar la carne picada con los ajos y el perejil, bien picadito, sal y pimienta. Sofreír la carne en una sartén con aceite, dándole vueltas con un tenedor de madera. Espolvorear con el queso rallado y agregar la mozzarella en trocitos.

4. Poner un montoncito de la mezcla de carne y queso en cada crêpe, enrollarlos, cerrarlos con un palillo e irlos colocando en el plato de servir, decorados con unas hojitas de perejil.

Ternera en salsa

Ingredientes para 6 personas:

❖ 1 kg de babilla o aleta de ternera ❖ 3 cebollas ❖ 6 pimientos choriceros ❖ 12 almendras crudas ❖ 1 cucharada de manteca ❖ 1 vaso de vino blanco ❖ aceite ❖ harina ❖ ajo ❖ pimienta ❖ sal

Preparación

1. Poner los pimientos en remojo.
2. Partir la carne en dados y sazonar con sal y pimienta.
3. Poner la manteca y un poco de aceite en una cazuela. Freír en ella los trozos de carne, pasados por harina. Darles vueltas para que no se peguen.
4. Freír en una sartén la cebolla picada, despacio hasta que esté muy blandita; añadir un ajo picado.
5. Rascar los pimientos y añadir su carne a lo anterior.
6. Majar las almendras con un poco de agua y agregar también a lo anterior.
7. Sazonar con sal y un poco de pimienta.
8. Dejar hervir la salsa muy despacio durante 5 minutos.
9. Pasar por el pasapurés y verter sobre la carne, apretando mucho para que salga todo el jugo.
10. Añadir un vaso de vino blanco y otro de caldo o agua.
11. Tapar la cazuela y cocer hasta que la carne esté blanda.

«Cap i pota» con pimientos

Ingredientes para 4 personas:

❖ *400 g de pata de ternera (comprada ya hervida)* ❖ *400 g de cabeza de ternera (comprada ya hervida)* ❖ *2 butifarras crudas* ❖ *2 pimientos rojos* ❖ *3 pimientos verdes* ❖ *guindilla* ❖ *500 g de tomates maduros* ❖ *3 berenjenas* ❖ *2 cebollas* ❖ *60 g de harina* ❖ *1 dl de jerez seco* ❖ *2 dl de agua* ❖ *3 dientes de ajo* ❖ *perejil* ❖ *sal* ❖ *pimienta*

Preparación

1. En una sartén o cazo grande, con aceite, rehogar las cebollas cortadas en dados, y los pimientos rojos, dejar cocer un poco y añadir el pimiento verde cortado en dados y un trozo de guindilla; dejar cocer 5 minutos.

2. Seguidamente, añadir las berenjenas cortadas en dados (previamente peladas, saladas y dejadas en la escurridera 1 hora), remover con cuidado y añadir el jerez; dejar evaporar.

3. Añadir los tomates, pelados y cortados pequeños, dejar reducir un poco, espolvorear con la harina, dejar dorar.

4. Cuando tome un poco de color, echarle el vaso de agua tibia; cocer muy lentamente 10 minutos.

5. En una cazuela, colocar cortados en trozos la pata y la cabeza de ternera, las butifarras crudas sin piel y un poco chafadas con un tenedor.

6. Verter en la cazuela encima del «cap y pota», todo lo preparado en la sartén, remover suavemente, poner un poco de pimienta molida, y dejar cocer 20 minutos más, muy lentamente.

7. Servir en la misma cazuela, caliente, espolvoreando con un poco de perejil picado.

Fiambre de ternera

Ingredientes para 6 personas:

❖ 500 g de ternera picada ❖ 100 g de tocino fresco picado ❖ 100 g de jamón serrano ❖ miga de pan ❖ medio vasito de jerez ❖ 2 trufas ❖ 2 higaditos de pollo ❖ 2 huevos ❖ sal de cebolla ❖ perejil ❖ mantequilla ❖ pimienta ❖ sal

Preparación

1. Colocar en un cacharro la carne con el tocino y el jamón picados.

2. Machacar encima los higaditos (sin la piel), deshacer la miga e incorporar junto con el jerez; aliñar con la sal, la pimienta y el perejil, cascar los huevos y revolver con todo.

3. Engrasar el molde e incorporar el preparado; meterlo en el horno al baño María durante 1 hora, aproximadamente.

4. Pincharlo antes de ese tiempo y si no suelta líquido rosado y se desprende de los bordes, es que ya está.

5. Apartar y dejar enfriar en su mismo molde.

6. Puede acompañarse de huevo hilado.

Lengua de ternera estofada

Ingredientes para 4 personas:

❖ 1 lengua de ternera de tamaño regular ❖ aceite ❖ perejil ❖ 1 hoja de laurel ❖ tomillo ❖ 3 zanahorias ❖ 1 cebolla ❖ 2 dientes de ajo ❖ 2 tomates maduros ❖ sal ❖ pimienta ❖ 1 clavo de especia

Preparación

1. Si la lengua no está ya cocida al comprarla, hervirla unas 2 horas en una olla con agua hirviendo y sal.
2. Pelar las cebollas y zanahorias y cortarlas en rodajas; pelar los ajos; lavar los tomates; lavar también una rama de perejil.
3. Cuando la lengua esté cocida, rehogarla unos minutos con aceite hirviendo.
4. Enseguida, poco a poco, añadirle la cebolla, las zanahorias, los dientes de ajo, los tomates enteros y la rama de perejil.
5. Cuando la lengua y los ingredientes empiecen a tomar algo de color, añadir el laurel, el clavo de especia, el tomillo, sal y pimienta.
6. Rociar con un poco de agua tibia, tapar la cazuela y dejarla a fuego muy lento unas 3 horas.
7. Añadir caldo, si es necesario.
8. Retirar la lengua, cortarla en rodajas y disponerla en una fuente para servir, adornada con las zanahorias y rociada con la salsa pasada por un colador fino o por el chino.
9. Se puede acompañar también con patatas fritas cortadas a dados.

Hígado a la andaluza

Ingredientes para 6 personas:

❖ 1 kg de hígado de ternera ❖ 1 cebolla ❖ 250 g de puré de tomate ❖ 3 dientes de ajo ❖ 1 cucharada pequeña de harina ❖ 2 hojas de laurel ❖ 1/2 taza de caldo ❖ 6 rebanadas de pan ❖ perejil ❖ aceite ❖ vinagre ❖ sal ❖ pimienta negra molida

Preparación

1. Cortar el hígado en filetes no muy grandes; sazonar con sal y pimienta.

2. En una sartén con aceite caliente, freír el hígado a fuego vivo unos instantes.

3. Enseguida retirar el hígado de la sartén y ponerlo en una cazuela.

4. En otra sartén con un poco de aceite, freír la cebolla y, una vez dorada, añadir la harina dejándola tostar; a continuación, añadir el vinagre, el caldo, el laurel, el ajo machacado y el puré de tomate.

5. Dejar cocer todo junto durante unos minutos, removiendo constantemente.

6. Verter el sofrito en la cazuela del hígado y dejarlo cocer por espacio de 15 minutos.

7. Distribuir los filetes en una bandeja, adornar con pan frito, cubrirlos con la salsa y espolvorear con perejil picado. Servir caliente.

Ternera con jamón y queso

Ingredientes para 4 personas:

❖ 8 filetes de ternera de unos 100 g cada uno ❖ 4 lonchas de jamón dulce ❖ 4 lonchas de queso tierno ❖ 100 g de pan rallado ❖ 3 huevos ❖ 3 dientes de ajo ❖ 3 dl de aceite ❖ 1 cucharada de perejil ❖ sal

Preparación

1. Pelar y cortar en tiras las patatas; pelar y picar muy finos los dientes de ajo.

2. Aplastar los filetes con un mazo para aplanarlos; salarlos.

3. Poner los filetes en una bandeja, espolvorearlos con el ajo picado y dejarlos 15 minutos en reposo.

4. Mientras, batir los huevos en un bol y añadir el perejil; mezclar bien.

5. Colocar el pan rallado en un plato hondo; limpiar los filetes de sal y ajo.

6. Poner encima de 4 filetes una loncha de jamón y una de queso y tapar con los 4 filetes restantes; untar los filetes en el huevo y después rebozarlos con el pan.

7. Calentar el aceite en una sartén amplia y freírlos; escurrirlos y reservarlos calientes; colar el aceite y freír las patatas.

8. Poner los filetes rellenos con las patatas en una bandeja y servir.

Entrante de hígado

Ingredientes para 4 personas:

❖ 500 g de hígado de ternera ❖ 1/2 guindilla ❖ 4 dientes de ajo ❖ aceite de oliva ❖ sal

Preparación

1. Pelar y trinchar finamente los dientes de ajo.

2. Trocear el hígado en cuadrados de unos 2 cm.

3. En una cazuela de barro con aceite caliente, sofreír ligeramente los dientes de ajo triturados y la guindilla.

4. Añadir enseguida el hígado troceado y espolvorear con sal.

5. Dorar el hígado unos minutos, mezclar para que embeba bien el ajo y guindilla y dejar a fuego lento hasta que esté en su punto.

6. Servir caliente en cazuelitas de barro individuales.

Estofado de ternera

Ingredientes para 4 personas:

❖ 1 kg de carne de ternera, aguja o morcillo ❖ 1 cebolla ❖ 600 g de patatas ❖ 1 cabeza de ajos ❖ 1 hoja de laurel ❖ tomillo ❖ pimienta ❖ 1 dl de vino blanco seco ❖ 1/2 l de aceite ❖ sal

Preparación

1. Trocear la ternera en dados de unos 3 cm.
2. Pelar y cortar la cebolla y los ajos, éstos en forma de filete.
3. En una cazuela de barro, poner los dados de ternera, la cebolla y el ajo.
4. A continuación, verter 1 1/2 dl de aceite, el vino, y 1 dl de agua.
5. Añadir las hierbas aromáticas y salpimentar.
6. Tapar la cazuela y dejar que cueza lentamente durante 1 hora y 30 minutos.
7. Pelar y cortar en dados las patatas; freírlas en abundante aceite.
8. Cuando el estofado esté en su punto, añadir las patatas fritas y escurridas, dar unas vueltas, y servir en la misma cazuela.

Ternera con setas

Ingredientes para 4 personas:

❖ 1,200 kg de ternera de la parte de la culata
❖ 800 g de setas («pinetells», «rovellons», «rossinyols») ❖ 1 cebolla ❖ 1 zanahoria
❖ 4 tomates maduros ❖ 150 g de harina ❖ 50 g de manteca de cerdo
❖ 2 dl de aceite ❖ sal ❖ 1 hoja de laurel ❖ pimienta en grano
❖ 3 clavos de especia ❖ 1 dl de aguardiente

Preparación

1. Primeramente cortar la carne en lonchas de unos 40 g cada una, sazonar, enharinar.
2. Freír en una sartén con manteca de cerdo y aceite mezclado.
3. Cuando se vayan dorando, retirar y reservar.
4. En una cazuela de barro, poner el aceite sobrante de la sartén, calentar y rehogar la zanahoria cortada en rodajas finas, la cebolla cortada a la pluma y el laurel.
5. Dejar cocer un poco y añadir los tomates en trozos.
6. Cuando esté todo bien sofrito, salpimentar, añadir los clavos de especia, el aguardiente y agua caliente hasta cubrirlo.
7. Dejar hervir unos minutos y añadir la carne; dejar cocer poco a poco.
8. Cuando esté casi cocido, retirar del fuego.
9. Sacar la carne y colar la salsa por el chino.
10. Poner la carne en la cazuela y derramar la salsa por encima.
11. Lavar bien las setas, cortarlas en trozos, rehogar un poco en la sartén con aceite caliente.
12. Añadir las setas a la cazuela, junto con la carne y salsa.
13. Dejar cocer unos 10 minutos todo junto.
14. Rectificar de sal.
15. Servir caliente.

ÍNDICE ALFABÉTICO

D

E

F

G

H

J

K

L